Andreas Venzke

Leben für den Frieden
Berühmte Menschen gegen Krieg und Gewalt im Porträt

Inhalt

Vorwort	5
Im Dienst der Menschen: Henry Dunant	7
Worte für den Frieden: Bertha von Suttner	17
Salz der Unabhängigkeit: Mohandas Karamchand Gandhi	26
Gegen den gemeinen und verächtlichen Krieg: Albert Einstein	37
Dem Rad in die Speichen fallen: Dietrich Bonhoeffer	46
Wir werden siegen: Martin Luther King	56
Ausdrücken, was sich nicht sagen lässt: Willy Brandt	66
Entwaffnet: Michail Sergejewitsch Gorbatschow	75
Zusammen ist man stark: Nelson Mandela	87
Erzwungene Flucht: Tenzin Gyatso	96
Nur ein kleines bisschen Geld: Muhammad Yunus	108
Eine andere Haltung: Jitzchak Rabin	117
Rechte muss man sich nehmen: Schirin Ebadi	127

Vorwort

Wir alle brauchen Vorbilder für ein friedliches Zusammenleben. Denn Hass und Gewalt gegenüber anderen Menschen gehören leider immer noch zum Alltag in unserer Welt – auch in Deutschland, vor allem aber in vielen anderen Ländern. Der Krieg ist noch nicht überwunden und Hunger, Armut und Unterdrückung kosten jeden Tag viele Tausende Menschen das Leben.
Doch überall gab und gibt es Menschen, die sich damit nicht abfinden wollen und können. Sie setzen Zeichen mit ihren Worten und ihren Taten. Es sind Menschen, die uns beeindrucken oder imponieren, weil sie ihre Persönlichkeit, ihre Fähigkeiten oder ihr Wissen so einsetzen, dass nicht sie selbst davon profitieren, sondern viele andere Menschen in ihrer nahen und fernen Umgebung. Sie helfen, trösten, machen Mut und versuchen, ihre Visionen von einem besseren Zusammenleben zu verwirklichen.
Wir begegnen solchen Vorbildern in unserem Alltag oder erfahren von ihnen aus dem Fernsehen. Vorbilder für ein friedliches Zusammenleben sind nicht unfehlbar – sie können sich auch irren, Fehler machen, zweifeln. Und trotzdem – oder gerade deswegen – haben sie eine Ausstrahlung, die uns fasziniert.
Für viele Menschen sind Männer und Frauen aus Politik, Wissenschaft oder Kunst zu großen Vorbildern geworden, weil sie sich mit besonderem Mut und öffentlichem Engagement für

den Frieden einsetzen. Einigen dieser Persönlichkeiten begegnen wir in diesem Buch und wir dürfen durch spannende Erzählungen und interessante Hintergrundinformationen an ihrem Leben teilhaben.

Dabei geht es um Frauen und Männer, die aus allen Teilen dieser Erde kommen: aus Deutschland und der Schweiz, aus Russland und aus den Vereinigten Staaten von Amerika, aus Indien und Südafrika, aus Israel und aus dem Iran, aus Tibet und Bangladesch. Einige sind bereits gestorben, andere leben noch und es wird interessant sein, ihren weiteren Lebensweg zu verfolgen.

Am Beispiel der beschriebenen Vorbilder kann man Grundlegendes lernen über die Suche nach gewaltfreien Konfliktlösungen und den Kampf für Menschenrechte, über den Widerstand gegen Diktaturen und das Engagement für die Überwindung von Armut. Dieses Lernen für den Frieden macht die Lektüre besonders wertvoll.

Uli Jäger, Geschäftsführer des Instituts
für Friedenspädagogik Tübingen e.V.

Im Dienst der Menschen: Henry Dunant

Der alte Mann rührt sich nicht, als es an seiner Zimmertür klopft. Wer will da wieder etwas von ihm, denkt er. Sind sie ihm wieder auf der Spur, seine Gläubiger, diese Hyänen, die ihm noch das letzte Hemd vom Leib reißen würden? Werden sie ihn bis ins Grab verfolgen? In seinem Zimmer ist er sicher und er denkt nicht daran, es zu verlassen. Es ist die einzige verbliebene Sicherheit in seinem Leben.

Wieder klopft es an der Tür. Wieder antwortet der alte Mann nicht. Noch ist es nicht Mittag und niemand hat einen Grund, nach ihm zu sehen. Das Klopfen bedeutet Gefahr. Will man ihn abholen? Sogar ins Gefängnis werfen? Undank ist der Welt Lohn. Gewiss, sein Unternehmen in Algerien hat Schiffbruch erlitten und er ist auf einem Berg Schulden sitzen geblieben. Aber hat er es betrügerisch gemeint? Nein! Und auf der anderen Seite: Wie viele Leben hat er gerettet, wie viele Leben werden durch ihn gerettet, jetzt und in Zukunft? Aber sogar seine eigene Organisation, das Rote Kreuz, will nichts mehr von ihm wissen.

Der alte Mann starrt zur Tür wie ein gehetztes Tier, das keinen Fluchtweg mehr kennt. Er wollte der Menschheit dienen, und die hat ihn ausgestoßen. Propheten gelten nichts im eigenen Land, denkt er. Dieser Gustave Moynier, Präsident des Roten Kreuzes, lässt nichts unversucht, sogar seinen Namen vergessen zu machen. Und was tun die Menschen, die Pazifisten, diejenigen, die gegen den Krieg an sich kämpfen? Die sagen ihm nach, er hätte mit der Gründung des Roten Kreuzes Kriege nur leichter gemacht. Wenn den Verletzten nun sofort geholfen wird, verlöre doch der Krieg viel von seinen Schrecken! Ah, er wird der Welt nichts mehr geben! Er bleibt in seinem Zimmer in Sicherheit. Er wird sich nie mehr rühren, mit keiner Bewegung mehr anderen zu Diensten sein.

Die Tür öffnet sich einen Spalt. Ein weißer Handschuh ist zu sehen und eine Frauenstimme zu hören: „Monsieur Dunant?"

Der alte Mann antwortet nicht. Herein tritt eine elegant gekleidete Frau, die auf den alten Mann wie auf ein eingeschüchtertes Kind zugeht.

„Es wird alles gut", sagt sie. „Ich habe Ihnen geschrieben. Sie wissen, wer ich bin."

Henry Dunant richtet sich missmutig ein Stück auf, um schon durch diese Bewegung auszudrücken, dass mit ihm nichts anzufangen ist. Das hat er dieser Weibsperson ja auch schriftlich zu verstehen gegeben. Er kann sich nicht einmal mehr an ihren Namen erinnern.

Nun ist die Frau doch gekommen. Sie strahlt ihn an, nimmt sich einen Stuhl und setzt sich vor ihn hin. Es gibt kein Entkommen für ihn. Er flieht mit dem Blick auf den Boden.

„Sie müssen wieder kämpfen", sagt die Frau streng. „Die Menschen erwarten das."

„Die Menschen sind verloren", sagt er.

„Die Menschen entwickeln sich, hin zum Guten", antwortet sie, als wäre das ein Naturgesetz.

Dunant spürt, wie schwer es wäre, dieser Frau ihren Glauben zu nehmen. Sie hat nicht gesehen, was er gesehen hat. Sie hat nicht erlitten, was er erlitten hat. Er versucht, sich nun doch an ihren Namen zu erinnern.

Dunant atmet schwer, als er plötzlich redet, als wäre ein Damm gebrochen: „Junge Männer, ich habe gesehen, wie sie zu Tieren werden, wie sie nur noch morden wollen, wie sie in einen Blutrausch kommen, und falls sie ihre Waffen verlieren, beißen sie noch mit den Zähnen die Kehlen ihrer Feinde auf, sie stechen in Eingeweide, hacken Arme ab, schießen ganze Gesichter weg und hinterher streifen andere als Hyänen über das Schlachtfeld, um sogar noch die auszuplündern, die in ihren letzten Zuckungen liegen ..."

„Schweigen Sie!", herrscht ihn die Frau an. Dunant zuckt

zusammen und schaut doch in ein lächelndes Gesicht. „Verzeihen Sie", flüstert die Frau, nimmt seine Hand und spricht sofort laut weiter. „Aber ich bin es leid zu hören, wie sich die Menschen doch immer nur wehtun. Wir müssen dafür sorgen, dass es zu keinem Krieg mehr kommt, dass nicht der große, riesengroße Krieg kommt. Sie müssen wieder vorangehen, wie sie auch damals vorangegangen sind. Sie haben einen Namen. Ich setze mich für Sie ein. Hier, sehen Sie!"
Die Dame blättert in einer Mappe mit Zeitungsausschnitten. Hier und da zeigt sie in den Texten auf seinen Namen. Dunant schaut aufmerksam hin. Er sieht seinen Namen und den von Moynier nicht. Es gibt doch Menschen, denkt er, die ehrlich sind.
Sie redet auf ihn ein. Sie gibt ihm genaue Anweisungen, was er zu schreiben habe. Sein Name müsse wieder in die Welt hinaus. Bald fallen ihm wieder all seine Ideen ein, von der Gründung eines Staates Israel für die bedrängten Juden Europas, einer Weltbibliothek, um alle wichtigen Schriften der Menschheit zu sammeln und damit zur Völkerverständigung beizutragen, von einem Vertrag zur weltweiten Beachtung der Menschenrechte, bis zu einem Abkommen zur Abschaffung der Sklaverei. Nun denkt er sogar an einen Bund von und für Frauen. Grünes Kreuz könnte man ihn nennen. Denn Frauen sind wohl die besseren Menschen. Sind sie nicht gegen den Krieg, beinahe von Natur aus?

Nach vielen Stunden, als Dunant längst nicht mit Reden fertig ist, verabschiedet sich die Frau. Dunant kann gar nicht anders, als sich zu erheben und sie zur Tür zu begleiten.

„Es war mir eine Ehre", sagt er und nimmt ihre Hand, „wirklich eine Ehre, Sie kennengelernt zu haben, Madame Bertha von Suttner."

„Ganz meinerseits", sagt sie und legt die andere Hand auf die des alten Mannes. Plötzlich huscht ihm ein Lächeln übers Gesicht.

Gleich nachdem er die stattliche Frau von seinem Zimmerfenster aus abfahren sieht, tritt er in den Flur und verlangt Stift und Papier.

Henry Dunant (1828–1910) ist der Urheber des Roten Kreuzes. Diese internationale Organisation hilft unparteilich und unabhängig den Opfern von Kriegen und kümmert sich heute auch um Kriegsgefangene, Häftlinge, Flüchtlinge und Katastrophenopfer und ist im Sanitätsdienst tätig. Jeder kennt das Rote Kreuz, es ist aus unserem Alltag kaum wegzudenken. Seinen Gründer jedoch kennen nur wenige – das war schon zu seinen Lebzeiten so. Henry Dunant lebte im Alter verarmt und nahezu vergessen in dem kleinen Schweizer Ort Heiden über dem Bodensee. Dort versorgte und pflegte man ihn in einem Spital. Erst als in der Schweiz ein Zeitungsbericht über sein Schicksal erschien, erinnerte man sich wieder an ihn.
Dunant wurde am 28. Mai 1828 in Genf geboren. Er entstammte einer wohlhabenden, streng christlich und sozial geprägten Familie. Zum einschneidenden Erlebnis im Leben des jungen Mannes Henry Dunant, der Bankkaufmann geworden war, wurde die Schlacht von Solferino 1859. In diesem riesigen Kriegsgemetzel kämpfte das Heer Napoleons III. zusammen mit italienischen Truppen gegen die Armee der Habsburger, die in Mitteleuropa den mächtigen österreichischen Vielvölkerstaat regierten. Auf beiden Seiten standen sich jeweils über hunderttausend Soldaten gegenüber.
Dunant war ganz zufällig zu der Schlacht gestoßen. Eigentlich wollte er in Italien den französischen Kaiser Napoleon III. treffen, um von diesem Unterstützung für seine geschäftlichen Vorhaben in Algerien zu erhalten. Für eine von ihm gegründete Mühlengesellschaft benötigte er in dem von Frankreich

Die Schlacht von Solferino 1859

unterworfenen Kolonialgebiet bestimmte Landrechte. Statt auf den Kaiser traf er auf die Opfer der Schlacht von Solferino. Er sah, wie die jungen Männer beider Seiten zu Tausenden an ihren Verletzungen starben, weil nach dem Kampf niemand in der Lage war, sich um sie zu kümmern. Auf eigene Faust begann Dunant daher, Sanitätsdienste zu organisieren. Es war eine Schlacht ohne Waffen.

Zurück in seiner Heimat ließen ihn seine Erinnerungen an die sterbenden Soldaten, das entsetzliche Leid auf dem Schlachtfeld nicht los. Er verfasste darüber ein Buch mit dem Titel *Eine Erinnerung an Solferino*. Dieses ließ er auf eigene Kosten drucken und schickte es an die wichtigsten Politiker und Militärs in Europa. Verbunden damit war seine Idee, eine Gesellschaft zu gründen, die sich unabhängig von äußeren Einflüssen um die Opfer von Kriegen kümmern würde.

Tatsächlich hatte Dunant Erfolg und es kam am 22. August 1864 zur Unterzeichnung der Genfer Konvention und damit zur Gründung des Roten Kreuzes. Zwölf Staaten unterschrieben den Beschluss, in dem festgelegt wurde, wie künftig die Versorgung von Kriegsverwundeten vonstatten zu gehen habe. Den Vertretern des Roten Kreuzes (und auch den Verwundeten selbst) wurde Neutralität zugesichert, sodass diese sich gefahrlos im Kriegsgeschehen betätigen könnten. Zur Kennzeichnung wurde die weiße Armbinde mit dem roten Kreuz vereinbart – eine Umkehrung der Schweizer Flagge.

Dieses Ereignis war ein Meilenstein in der Geschichte, denn eine solche internationale Zusammenarbeit von Ländern zu humanitären Zwecken hatte es noch niemals gegeben. Das Verhältnis der Staaten war von Großmachtstreben und Aggressionen gekennzeichnet. Nun fand man sich zusammen, um ge-

Die Unterzeichnung der Genfer Konvention 1864

meinsam das Los der Kriegsopfer zu lindern. Leider verhallten zur gleichen Zeit alle Aufrufe, den Krieg als solchen zu bekämpfen oder zu verhindern.

Dunant, der geistige Vater des Roten Kreuzes, stand allerdings bald im Gegensatz zu einem anderen Mitglied der Gesellschaft: Gustave Moynier. Dieser übernahm schließlich die Leitung des Roten Kreuzes, das er zur wichtigsten Hilfsorganisation der Welt ausbaute. Dunant selbst wurde sogar ausgeschlossen. Anlass dazu war der Misserfolg seiner Unternehmungen in Algerien. Er ging in Konkurs und wurde verklagt. Dunant sah sich einem Berg Schulden gegenüber, den er unmöglich abtragen konnte. Tatsächlich wandte sich der lebenslange Präsident des Roten Kreuzes Moynier erfolgreich gegen seine finanzielle Unterstützung.

Dunant verarmte, hatte kein Zuhause mehr und fand endlich eine Zuflucht in dem kleinen Ort Heiden. Selbst als er 1901 den ersten Friedensnobelpreis bekam, wagte er es aus Angst vor seinen Gläubigern nicht, sich das hohe Preisgeld auszahlen zu lassen. Wenigstens durfte er noch erleben, wie die Welt wieder auf ihn aufmerksam wurde. Besonders unterstützte ihn die Friedenskämpferin Bertha von Suttner darin, in Artikeln und Aufsätzen neue Ideen für das friedliche Zusammenwirken der Menschen zu entwickeln.

Doch auch als man Dunants Verdienste am Ende würdigte, blieb sein Misstrauen. So sehr vermutete er gegen ihn gerichtete Verschwörungen, dass ihm sogar der Koch des Spitals das Essen vorkosten musste. Er wollte niemandem mehr trauen, keiner Organisation, auch nicht der Kirche, und bestimmte, ohne Zeremonien beerdigt zu werden. Bis zum Ende seines Lebens im Jahr 1910 bewohnte er das Zimmer mit der Nummer 12 im Spital in Heiden. Heute ist das Gebäude ein Museum in Erinnerung an den Gründer des Roten Kreuzes, der eine der ersten Bewegungen für eine friedliche, menschliche Welt auslöste.

> Der Nobelpreis gilt als eine der bedeutendsten Auszeichnungen der Welt, was allein schon an der Höhe des Preisgeldes liegt: heute über eine Million Euro. Ins Leben gerufen wurde dieser Preis von dem schwedischen Industriellen Alfred Nobel (1833–1896), dessen Reichtum auf der Erfindung des Dynamits beruhte. Obwohl dieser Sprengstoff auch der Waffenentwicklung einen neuen, mörderischen Schub verlieh, war Nobel ein strikter Kriegsgegner. Er verfügte in seinem Testament die Gründung einer Stiftung, die den größten Teil seines Vermögens erhielt; aus den Zinsen dieses Kapitals sollen jedes Jahr Preise an diejenigen vergeben werden, die „der Menschheit den größten Nutzen" geleistet haben, und zwar auf den Gebieten der Physik, Chemie, Medizin, Literatur und des Friedens. 1901 wurden die Nobelpreise das erste Mal verliehen. Einige Preisträger des Friedensnobelpreises sind in diesem Buch vertreten.

Worte für den Frieden: Bertha von Suttner

Mein lieber Meune, hast du genau zugehört, was ich dir wieder vorgelesen habe? Jetzt kommt alles ans Licht, jetzt berichten die Zeitungen fast ohne Rücksicht, ohne Rücksicht auf das Militär, das Vaterland und die nationalen Interessen! Jetzt kommt einmal das an den Tag, wovor wir all die Jahre gewarnt haben. Der Krieg steht abfahrbereit unter Dampf und alle warten nur darauf, dass jemand das Signal umlegt. Ich weiß es und du hast es auch immer gewusst. Sieh nur: Ich wische die Zeitungen vom Schreibtisch. Ich müsste wieder selbst schreiben, protestieren, die Herren der Welt einmal wieder zum Frieden ermahnen. Mir schnürt es die Kehle zu, wenn ich mir meinen Reim darauf mache, wie nahe wir am Krieg vorbeigeschlittert sind. Gewiss geht nun ein Schauer des Entsetzens nicht nur durch die Armee, nachdem nach und nach bekannt wird, welche Geheimnisse dieser Alfred Redl verraten hat. Trotzdem dreht es sich ja gar nicht darum, dass dieser Verräter von Redl Hunderttausenden das Leben gekostet hätte, weil er als Oberst die Aufmarschpläne Österreichs an die Russen verraten hat. Es dreht sich doch darum, dass es diese Aufmarschpläne gibt und sie auf Angriff ausgelegt sind!

Sieh nur, Meune, wie ich durchs Zimmer streiche wie ein Panther im Käfig und auf die Schreibfeder starre. Was können wir noch tun, um den großen Krieg zu verhindern, was kann ich noch tun, in meinem Alter, in diesem Jahr 1913? Keiner hört mich mehr an. Alle scheinen wie betäubt und scheinen nur darauf zu warten, dass es endlich losgeht. Ist da denn alles Warnen umsonst?

Dabei frage ich mich inzwischen, ob ich den Menschen vielleicht keine Wahl lasse. Ist meine Forderung nach Frieden zu absolut oder zu abstrakt? Kann vielleicht niemand etwas mit Worten anfangen, nur mit Worten? Habe ich mich am Ende geirrt, wie der Frieden zu erreichen wäre? Ich habe darauf gesetzt, dass die Herrschaften von oben den Frieden durchsetzen sollen und müssen. Hätte ich mich doch an die Sozialisten wenden sollen, die immer gesagt haben, die herrschende Klasse will keinen Frieden, den können nur die Arbeiter durchsetzen, und zwar durch die Gewalt der Massen? Muss die Geschichte vielleicht diesen Weg gehen? Man liest ja in der Zeitung von diesem Mohandas Karamchand

Gandhi, einem Inder in Südafrika, der dort alle seine Landsleute hinter sich schart und sie friedlich demonstrieren lässt, selbst dann, wenn sie von der Polizei verprügelt werden! Nur wo sind denn in Europa die Massen, die gegen die Gewalt auf die Straßen gehen, und zwar ohne Gewalt?

Ich drehe meine Runden. Mir wird schwindelig. Es muss einen Ausweg geben. Meune, mit wem kann ich noch reden? Wenn ich nur daran denke, wie voll mein Herz auch gestern war! Und wie ging es mir danach?

Wie verfolgt eile ich gestern durch die Straßen. Wie teilnahmslos mir die Menschen scheinen. Sie gehen ungerührt ihren Weg und wissen gar nicht, dass er in den Tod führt. Ich sehe, wie eine Mutter stolz neben ihrem hochgewachsenen Sohn geht, der seine Uniform trägt wie ein Pfau sein Gefieder. Wie kann sie sich in seinem Glanz sonnen, denke ich, wo doch bald ewiger Schatten auf ihn fallen wird? Ich reiße mich zusammen, sie nicht anzusprechen und zur Besinnung zu bringen.

Da sehe ich einen anderen jungen Mann. Es ist der Schriftsteller Stefan Zweig, dem ich schon von Weitem zurufe. Er macht gleich eine Handbewegung, als müsste er mich beruhigen. Das steigert aber nur meine Wut. Niemand darf beruhigt sein!

„Die Menschen begreifen nicht, was vorgeht!", rufe ich laut. Menschen drehen sich zu mir, während Zweig sich bei mir einhakt.

„Was meinen Sie, Frau von Suttner?", fragt er.

„Was ich meine?", frage ich laut. „Das war schon der Krieg und sie haben wieder einmal alles vor uns versteckt und geheim gehalten."

„Den Fall Redl meinen Sie", sagt Zweig, ganz blass im Gesicht.

„Natürlich!", sage ich. „Gibt es denn gerade ein anderes Thema?" Ich mache mich von ihm los und rufe, sodass es alle hören können: „Warum tut ihr nichts, ihr jungen Leute? Euch geht es vor allem an. Wehrt euch doch, schließt euch zusammen!"

Zweig flüstert beinahe, er wolle nach Paris gehen, um vielleicht eine gemeinsame Manifestation zu versuchen.

„Vielleicht?", rufe ich dazwischen. „Warum nur vielleicht? Es steht schlimmer als je, die Maschine ist doch schon im Gang!"

Im Kaffeehaus lädt mich Zweig zu einem Großen Braunen ein und ich werde ruhiger. Nach zwei Stunden merke ich, wie müde ich bin – und wie frustriert. Dazu kommt, dass Zweig mich nach meiner Lage fragt, ob ich genug Geselligkeit hätte, wo doch mein Mann seit fast zehn Jahren tot ist.

„Tot?", frage ich erstaunt. „Er wartet doch daheim auf mich ..."

Als Zweig mich da mit großen Augen anstarrt, wechsele ich schnell das Thema.

Am Ende habe ich den lieben Stefan Zweig todernst

zurückgelassen, wahrscheinlich weil ihm meine Worte so ins Gewissen gefahren sind. Aber habe ich damit nur irgendetwas bewegt, mit meinen Worten? Er steht ja sowieso auf unserer Seite, nur dass er selbst nun vielleicht sprachlos ist.

Lieber Meune, nun sieh, der Postbote war da! Ob mir jemand geschrieben hat, vielleicht ein Komitee, ein Verein, ein Minister oder doch einmal der Zar? Ich will mich sofort an den Schreibtisch setzen, unter deinen Schutz, und antworten. Ich habe immer noch Worte.

Rückblickend erscheint Bertha von Suttner (1843–1914) wie eine Kassandra, jene griechische Seherin, deren Prophezeiungen sich erfüllten und auf die doch keiner hören wollte. Jahrzehntelang hatte sie für den Frieden gekämpft und jahrzehntelang war sie deswegen belächelt, verspottet und angefeindet worden. Als sie am 21. Juni 1914 in Wien starb, dauerte es nur noch wenige Wochen, bis der Erste Weltkrieg „ausbrach", vor dem sie immer gewarnt hatte und der Millionen Tote kostete, vor allem junge Männer in der Blüte ihres Lebens.

Unterstützt von nationalen Kräften im kaiserlichen Wien, hatte sich das wirtschaftlich mächtig gewordene Deutsche Reich politisch in die Enge manövriert. Um mit den großen imperialistischen Staaten Großbritannien, Frankreich und Russland Schritt zu halten, die sich alle schon durch koloniale Ausdehnung Größe erstritten hatten, wollte man auch in Berlin einen „Platz an der Sonne" und bemühte sich um eine starke Machtstellung; dazu gehörten Kolonienerwerb und massive militärische Aufrüstung, die natürlich den anderen Staaten missfiel. Deutschland hatte darum um die Jahrhundertwende kaum noch politische Verbündete.

Schon deswegen gab es im Militär die Ansicht, es wäre besser, durch eigenes Losschlagen den Beginn und Verlauf eines Krieges zu bestimmen. Solche militärischen Überlegungen, die vom wirtschaftlichen Ziel der Beherrschung Europas ausgingen, spiegelten sich im Bewusstsein der Menschen: Sogar Intellektuelle, die es hätten besser wissen müssen, setzten die Zeit des Friedens mit Langeweile, Verweichlichung, Schwunglosigkeit, Dekadenz gleich, den Krieg dagegen mit Abenteuer, Heldentum, nationaler Größe.

Im letzten Jahr vor Bertha von Suttners Tod zeigte der „Fall Redl" deutlich, wie nahe Europa vor dem Krieg stand. Alfred Redl hatte als Oberst alle wichtigen militärischen Pläne der österreichisch-ungarischen Armee vor allem an Russland verraten. Das ganze Verhalten der Armee, die bei der Aufklärung des Falles verschwieg, vertuschte und verleumdete, ließ erkennen, dass die Militärs in Wien einen offensiv geführten Krieg konkret planten. Der Kriegsbeginn war nur eine Frage der Zeit – im Sommer 1914 gab die Ermordung des österreichischen Thronfolgers in Sarajewo den willkommenen Vorwand und Startschuss.

Bertha Freifrau von Suttner wurde am 9. Juni 1843 als Gräfin Kinsky von Wchinitz und Tettau in Prag geboren, also als Adelige. Eine solche war sie allerdings nicht ganz vollständig, weil

Kriegsbegeisterte junge Männer in Berlin im August 1914

ihre Mutter aus dem Bürgertum stammte. Dieses Manko bekam sie von Anfang an zu spüren, dass sie nämlich nicht richtig in die adeligen Kreise gehörte. Andererseits blieb sie ihr Leben lang von ihrer Herkunft geprägt. Obwohl sie sich selbst für ein bürgerliches Leben entschied, behielt sie in ihrem Auftreten und ihrer ganzen Art immer ein aristokratisches Gebaren. Sie gefiel sich darin, in den adeligen Kreisen eine Anti-Haltung einzunehmen – weswegen sie in diesen doch Anerkennung erfuhr.

Bertha von Suttner handelte in ihrem Leben aus sittlicher Überzeugung. Bekannt wurde sie 1889 durch *Die Waffen nieder!*, eines der weltweit einflussreichsten Bücher zu seiner Zeit. Es ist eines der ersten Werke, worin schonungslos der Krieg gebrandmarkt wird, der immer nur Tod, Zerstörung und Vernichtung bringt. Der russische Dichter Leo Tolstoi (1828–1910) war davon so angetan, dass er ihr dazu schrieb: „Der Abschaffung der Sklaverei ist das berühmte Buch einer Frau, Frau Beecher-Stowe, vorausgegangen; Gott gebe es, dass die Abschaffung des Krieges Ihrem Buch folge." Harriet Beecher-Stowe war die Autorin des Romans *Onkel Toms Hütte,* in dem die Sklaverei in Amerika gebrandmarkt wurde.

In den folgenden Jahren versuchte Bertha von Suttner auf vielerlei Weise, den Krieg zu ächten und auf der Welt den Frieden durchzusetzen. Sie gründete in Österreich und Deutschland Friedensgesellschaften, arbeitete daran mit, die ersten internationalen Friedenskongresse ins Leben zu rufen, und beteiligte sich auch an der ersten, gescheiterten Haager Friedenskonferenz. Obwohl sie ein großer Optimismus antrieb, schien sie doch am Ende ihres Lebens zu resignieren. Ihrer Meinung nach musste ganz Europa zusammenbrechen, so „kriegsverrottet", wie es war.

1905 erhielt Bertha von Suttner den Friedensnobelpreis. Sie selbst hatte Alfred Nobel als dessen Sekretärin schon 1876 kennengelernt und die beiden verband eine lebenslange Freundschaft. Sie selbst war wohl auch die treibende Kraft dafür, dass Nobel seinen Friedenspreis überhaupt stiftete.

Bertha von Suttner trat als große Rednerin immer wieder in der Öffentlichkeit hervor – eine Provokation in ihrer männerbestimmten Zeit. Sie lebte vor, wie man als Frau seinen Mann stehen konnte, auch wenn sie finanziell oft kaum über die Runden kam. Dabei hatte sie einen Ehemann an ihrer Seite, der sie in ihrem Handeln bedingungslos unterstützte. Die Verehrung für Arthur Gundaccar von Suttner, ihren „Meune", ging so weit, dass sie nach seinem Tod nur noch in Schwarz ging. Als Porträt sah er auf sie an ihrem Arbeitstisch herab. Sie schmückte es mit Friedenspalmen.

Salz der Unabhängigkeit: Mohandas Karamchand Gandhi

Anfang März des Jahres 1930 ist Gandhi immer noch in seinem Aschram. Es ist, als läge eine eigenartige Ruhe über dem ganzen Land. Sogar die Vögel scheinen des Fliegens müde und dösen in den Bäumen, den Kopf im Gefieder versteckt. Warum tut er nichts? Warum nicht? Das fragen sich so viele seiner Anhänger. Das fragen sich alle Inder und so viele Menschen auf der ganzen Welt. Gandhi zeigt sich nicht der Öffentlichkeit, seit Wochen nicht.

In dem Aschram fühlt er sich wohl. Es ist im Kleinen die Welt, die er auf ganz Indien übertragen möchte. In diesem Meditationszentrum lebt er in Gemeinschaft mit Menschen, die seine Ideen teilen und an ihn glauben. Wie er sind sie Vegetarier, lehnen den Einsatz von Maschinen ab, versenken sich ins Gebet und glauben daran, dass die Kraft des Geistes die Welt bewegen kann. Gandhi meditiert und diskutiert. Doch in dieser

Zeit müsste er handeln! Er muss handeln! Aber vielleicht stammt die große Ruhe auch nur von dem Gefühl, dass etwas Besonderes in der Luft liegt; so wie alle Tiere verstummen, wenn der Tiger durchs Unterholz schleicht.

Vor vielen Tagen hat Gandhi den britischen Kolonialherren eine Liste von Forderungen übergeben. Nur wenn diese Forderungen erfüllt werden, kann Indien noch eine Art britischer Kolonie bleiben! Gandhi weiß, dass keine davon zu erfüllen ist. Allerdings muss er auf die Zurückweisung seiner Forderungen eine Antwort parat haben. Es muss nun zu irgendeiner Aktion kommen. Aber wie soll die aussehen? Sie muss den größten Eindruck machen, und zwar weltweit. Es muss eine Aktion sein, bei der möglichst alle Inder mitmachen können. Sie darf nicht zu Gewalt führen. Und sie muss die Briten als Kolonialherren bloßstellen. Kann es eine solche Antwort überhaupt geben? Auf jeden Fall muss Gandhi handeln. Aber die Zeit vergeht und nichts geschieht. Vielleicht arbeitet sie sogar für Gandhi. Je mehr Zeit vergeht, desto mehr steigt die Spannung. Doch die Zeit kann auch tückisch sein, nämlich wenn sie zu lang wird.

Muss Gandhi doch von außen angestoßen werden? Spüren die Leute, dass man seinen Ideen auf die Sprünge helfen muss? Eines Tages erhält er einen Brief. Ein früherer Regierungsbeamter schreibt ihm vom Salz. In dem heißen Land brauchen die Menschen viel Salz. Die Inder sind davon abhängig und sie können es laut Gesetz nur von der Regierung kaufen. Dabei kann man das Salz einfach aus dem Meer bekommen.

Am 12. März 1930 ist die Zeit des Wartens plötzlich vorbei. Als die Spannung auf dem Höhepunkt ist und vielleicht schon wieder abfällt, handelt Gandhi – und geht. Er geht am Morgen los, vorbei an Hunderten wartender Journalisten, die ihn bedrängen und bestürmen. Mit den 78 Männern, die ihn begleiten, geht Gandhi einfach weiter. Hier sagt er etwas, dort winkt er, woanders schweigt er und immer geht er weiter. Er wird an diesem Tag gehen und am nächsten und am übernächsten. Und in all der Zeit wird die Presse über ihn berichten, über ihn und sein Anliegen, nämlich durch gewaltlose Proteste alle Inder in Frieden zu vereinen und das Land in die Unabhängigkeit zu führen.

Ans Meer geht er, zum Salz am Meer. Und er geht flott. Er ist in seinem Leben immer zu Fuß gegangen. Eher halten den 60-Jährigen die Jüngeren auf, von denen einige schon bald über die lange Strecke leise klagen. Doch sie kommen voran. Sie werden immer mehr. Mit den Tagen schwillt die Gruppe so an, dass es bedrohlich wird. All die Menschen wollen schließlich versorgt sein. Doch auf dem Weg ist jedes Dorf auf sie vorbereitet. Immer werden sie jubelnd empfangen, verpflegt und untergebracht, ja, oft werden sogar die Wege mit Wasser besprengt, damit sie nicht im Staub laufen müssen. Gandhis Plan geht auf. Jeden Tag kann er den Bauern, den Journalisten und damit der Welt erklären, was seine Ideen sind, besonders die der Gewaltlosigkeit: Es geht nicht darum, Leid zuzufügen, sondern selbst Leid auf sich zu nehmen, um so dem Gegner vor Augen zu führen, was die Wahrheit ist.

Nach 24 Tagen ist das Meer erreicht. Sie sind nach Hunderten Kilometern Fußmarsch am Ziel. Die Sonne brennt

vom Himmel und verdunstet in Lachen das Wasser. Salz bleibt zurück. Er wird es aufsammeln und dann ... dann kann es nur eine Reaktion geben.

Gandhi wartet bis zum nächsten Tag. Zuerst badet er im Meer, ehe er die entscheidende Handlung ausführt. An einer für ihn ausgewählten Stelle sammelt er am Strand etwas Salzkruste auf. Das Salz ist so eigentlich kaum zu gebrauchen und muss erst verarbeitet werden. Doch das zählt nicht. Gandhi hat sich nun selber Salz verschafft und damit das Gesetz gebrochen. Denn das Gesetz sagt, dass nur der Staat Salz verkaufen darf, und er erhebt darauf eine Steuer. Und solche Steuergelder verwalten die Briten. Sie bezahlen damit ihre Verwaltungsangestellten, die 5.000-mal mehr verdienen als im Schnitt ein Inder.

Es geschieht, was geschehen muss: Gandhi wird, wie schon so oft zuvor, verhaftet und nicht nur er allein. Tausende tun es ihm nach und sammeln am Meer Salz auf. Bald sind die Gefängnisse übervoll. Gandhi fürchtet das Gefängnis nicht. Nach dem anstrengenden Marsch mit den vielen Reden, die er gehalten hat, kann er sich dort wieder in sich selbst versenken. Das Gefängnis ist längst Teil seines Kampfes geworden, seines gewaltlosen Kampfes. Was die Gewaltlosigkeit bewirken kann, hat sein Salzmarsch gezeigt. Er war die Antwort.

Bis heute ist Mohandas Karamchand Gandhi (1869–1948) ein leuchtendes Vorbild für alle Menschen auf der Welt, die sich gegen staatliche Unterdrückung und für den Frieden einsetzen. Der sogenannte Salzmarsch gilt als Paradebeispiel für die Art, in der Mahatma Gandhi, wie er meist bezeichnet wird, seine Überzeugungen durchsetzte: durch passiven Widerstand aktiv zu werden und die Gesetze, mit deren Hilfe Menschen unterdrückt werden, schlicht nicht mehr zu beachten. Als Mittel diente ihm die Gewaltlosigkeit. Zum ersten Mal in der Geschichte zeigte ein Mensch, dass man sich gegen Unrecht auch ohne Waffen und Blutvergießen erfolgreich wehren kann, wenn alle an einem Strang ziehen.

Anfang des 19. Jahrhunderts befand sich das riesige Land Indien auf dem Weg in die Unabhängigkeit. Daran bestand kein Zweifel, auch wenn die Engländer nicht im Ansatz erkennen ließen, dass sie ihre wichtigste Kolonie aufgeben würden. Seit 150 Jahren herrschten die Briten über den Subkontinent. Sie nutzten das Land für sich, entwickelten es wirtschaftlich und politisch auch weiter; die einheimische Bevölkerung jedoch blieb ein Volk zweiter Klasse ohne ernstliches Mitspracherecht.

Viele Inder fanden schließlich zu einem einheitlichen Nationalbewusstsein und waren immer schwerer zu regieren. Nur: Wie konnte das Land unabhängig werden, ohne dass es zu einem Krieg kam, ohne dass das ganze riesige Land auseinanderfiel, ein Land mit Dutzenden verschiedener Sprachen, zwei völlig verschiedenen Religionen, dem Islam und dem Hinduismus, und Menschen, die in Kasten eingeteilt waren, wo jeder schon durch die Geburt seinen Platz im Leben hatte, mit sogenannten „Unberührbaren", in deren Schatten manche nicht einmal treten wollten?

Gandhis Leben erscheint ähnlich wie das von Jesus. Schon sein Name scheint Ähnlichkeiten aufzuweisen: Wie der Zusatz „Christus" als der „Gesalbte" hat auch „Mahatma" eine Art überirdische Bedeutung, nämlich „Große Seele". Allerdings hat Gandhi selbst diesen Namenszusatz abgelehnt, den der indische Dichter Rabindranath Tagore auf ihn gemünzt hatte. Er selbst wurde später meist *Bapu* genannt, was „Vater" bedeutet. Geboren wurde er am 2. Oktober 1869 als Mohandas Karamchand Gandhi.

Gandhi wuchs als wohlbehütetes Kind in einer traditionellen nordindischen Familie auf, die zum gehobenen Bürgertum zählte. Nach dem frühen Tod seines Vaters ermöglichte ihm die Familie eine Ausbildung als Rechtsanwalt in London, wo er sich viel Mühe gab, die Sprache, Gebräuche und Kleidungsformen der Engländer zu übernehmen. Sein Heimatland Indien war damals die größte und bedeutendste Kolonie des britischen Weltreiches. Wenn jemand wie Gandhi in England ausgebildet wurde, hatte das den Sinn, aus der indischen Gesellschaft Personal zu gewinnen, das im Dienst der Kolonialmacht stand.

Als junger Mann verhielt sich Gandhi nicht außergewöhnlich, jedenfalls nicht für einen Mann seiner Herkunft. Er war schon als 13-Jähriger verheiratet worden, hatte also früh eine eigene

Familie. Er befolgte die Gebote seiner hinduistischen Religion und war auch stark vom Jainismus beeinflusst, wonach kein Lebewesen getötet werden darf. In seiner ganzen Art war er schüchtern, ein zurückhaltender und ruhiger Mensch.

Sein Leben änderte sich erst grundlegend, als er im Auftrag eines Geschäftsmannes einen rechtlichen Streit in Südafrika klären sollte. Dort traf ihn zum ersten Mal im Extrem die Rassendiskriminierung, die zur Herrschaft aller europäischen Kolonialherren gehörte. In Südafrika war sie besonders ausgeprägt. Später führte sie dort zur Apartheid, der völligen Abtrennung der Weißen von den Schwarzen und anderen „Farbigen". Als englisch gekleideter Anwalt fuhr Gandhi in der Ersten Klasse eines Zuges, als ein Weißer darauf bestand, nicht mit „so einem" zusammen fahren zu müssen. Gandhi sollte in den Gepäckwagen umsteigen. Anschließend durfte er auch im Inneren einer Kutsche nicht mitfahren, sondern nur auf dem ungeschützten Kutschbock, wobei er sich sogar auf das Trittbrett stellen sollte, als ein Weißer auf seinem Platz rauchen wollte. Mit diesen Erlebnissen begann seine Wandlung. Vor diesem Hintergrund lernte Gandhi dann das Leben der Kulis kennen, wie man die indischen Wanderarbeiter nannte. Sie kamen immer nur für einige Jahre ins Land und mussten unter erbärmlichen und erniedrigenden Bedingungen arbeiten. Für sie trat Gandhi ein. 20 Jahre blieb er in Südafrika.

Gandhi organisierte eine Form des passiven Widerstands, des zivilen Ungehorsams der Arbeitsverweigerung, des bewussten Nichtbeachtens von Gesetzen. Oberstes Gebot war die Gewaltlosigkeit. Er selbst prägte dafür den Begriff *Satyagraha,* was so viel heißt wie „an der Wahrheit festhalten". Nur mit *Satyagraha* lassen sich, wie er glaubte, Ungerechtigkeiten aufdecken und die Wahrheit herausfinden. Er wandte seine Methode nicht nur im Kampf um die Unabhängigkeit Indiens an, sondern auch im Kampf gegen soziale Not. Dabei setzte er sich besonders dafür ein, dass die „Unberührbaren" als gleichberechtigte Menschen anerkannt wurden.

Was Gandhi in Südafrika in einem kleinen Maßstab gelernt hatte, setzte er, zurück in Indien, im großen Maßstab um. Nur kämpfte er fortan nicht für eine Minderheit, sondern für das Volk an sich, und das hatte sein Prinzip verstanden. Die Proteste gegen die Salzsteuer zogen sich lange hin und hatten eigentlich nur symbolische Bedeutung im Kampf um die Un-

Gandhi hält eine Rede.

abhängigkeit. Trotzdem versuchten viele Inder in der nächsten Zeit, selbst Salz am Meer zu gewinnen oder sogar Salzgewinnungsanlagen friedlich zu besetzen. Einmal zeigte sich dabei erschütternd die Konsequenz von Gandhis Prinzip: Um seine Ziele durchzusetzen, muss man sich als unschuldiger Mensch sogar misshandeln lassen. Das geschah Hunderten von Demonstranten, die auf eine solche Anlage zugingen und mit eisenbeschlagenen Knüppeln niedergestreckt wurden, ohne dass sie auch nur die Arme zum Schutz erhoben hätten. Wer dadurch aber verlor, war die britische Kolonialverwaltung. In der Weltmeinung gab es für ihre Herrschaft über Indien keine Rechtfertigung mehr.

Ob Gandhis Methode wirklich erfolgreich war und ob sie immer und unbedingt gültig sein kann, darüber lässt sich streiten. Denn es kommt dabei sehr darauf an, welchen Gegner man vor sich hat: Gandhi hatte es mit den zivilisierten Briten zu tun. Er riet allerdings auch den verfolgten Juden im nationalsozialistischen Deutschland zu seiner Art des Widerstands ... Diese sahen sich aber einem Regime gegenüber, das sie vernichten wollte wie Ungeziefer.

Auf jeden Fall half Gandhi entscheidend mit, Indien in die Unabhängigkeit zu führen. Leider ließ sich sein Prinzip der Gewaltlosigkeit nicht bis zum Ende durchsetzen. Auch Gandhi konnte Moslems und Hindus nicht zusammenbringen, sodass es doch zu Gewalt kam, zu Vertreibungen und Massentötungen. Großbritannien entließ 1947 zwei Staaten in die Unabhängigkeit, einen hinduistischen und einen muslimischen, Indien und Pakistan, von dem sich später noch Bangladesch abspaltete. Und als hätte Gandhi am Ende noch sein Leben hergeben müssen, um sein Prinzip der Gewaltlosigkeit in die Herzen der Menschen zu pflanzen, wurde er 1948, ein halbes Jahr nach der Unabhängigkeit seines Landes, von einem fanatischen Hindu ermordet. Im selben Jahr hätte ihm der Friedensnobelpreis verliehen werden sollen.

Gegen den gemeinen und verächtlichen Krieg: Albert Einstein

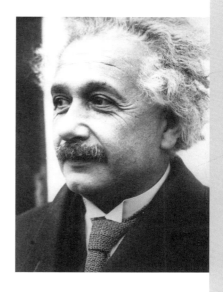

Dem Gast ist von Anfang an nicht wohl, als er in Albert Einsteins Segelboot am Templiner See krabbelt. Dort, in der Nähe von Potsdam, hat sich Einstein ein schönes Haus bauen lassen. Es liegt abgeschieden nur 300 Meter vom Ufer entfernt. Ganz aus Holz gebaut, scheint es sich in den Strahlen der Herbstsonne zu wärmen.

Der Gast weiß zwar, dass Einstein mit seinem Boot oft auf den Seen der Umgebung fährt, aber er weiß auch, dass der weltberühmte Physiker nicht gerade als sicherer Segler gilt und außerdem nicht schwimmen kann. Das beruhigt den Gast aber auch, weil er sich sagt, ein Nichtschwimmer auf einem Boot würde wohl kein Risiko eingehen, zumal es an Bord auch keine Rettungswesten oder dergleichen gibt.

Unruhig ist der Gast eigentlich aus einem anderen Grund:

Nach vorangegangener, stundenlanger Lektüre hat er sich eingestehen müssen, die ganze Relativitätstheorie nicht zu kapieren. Dabei ist er ein Experte in Schriftsachen: Als Schriftsteller ist er ebenfalls eine Berühmtheit, und weil er sich gern mit anderen berühmten Personen umgibt, hat er Einstein einmal geschrieben. Im Grunde hat er sich selbst zu einem Besuch bei ihm eingeladen.

Einstein stößt das Boot vom Ufer ab, als kaum ein Wind geht und sich am Horizont eine Reihe von Wolken zeigt. Ruhig treibt das Boot auf den See hinaus. Einstein lehnt sich an der Ruderpinne sacht zurück, streckt sich, als wäre er gerade aufgewacht, und zieht seine Pfeife hervor.

„So die Kraft der Natur zu nützen, befriedigt mich immer ganz tief", sagt er und stopft umständlich seine Pfeife. „Hier habe ich Abstand zum Trubel der Welt und kann eigene Gedanken fassen."

Der Gast will Einstein zur Politik befragen. Er denkt daran, dass man, wie in der Physik, auch den Krieg relativ sehen müsste. Hat sich nicht Deutschland im Weltkrieg gegen den Rest der Welt wehren müssen? Hätten die Deutschen da passiv bleiben können, gar pazifistisch, wie Einstein immer wieder empfiehlt? Der Gast versucht, mit Einstein solche Gedanken zu besprechen. Der redet vergnügt daher, während das Boot Fahrt aufnimmt. Bald schlägt das Segel ziemlich stark. Einstein wird schweig-

samer. Am Horizont erhebt sich eine schwarze Gewitterwand. Es ist Zeit zurückzukehren, weiß der Gast.
Er redet weiter von seinen Ansichten und hat das Gefühl, Einstein würde ihm gespannt zuhören. Immerhin sagt der hochintelligente Mann kaum noch etwas und scheint sich auch nicht auf das Segeln zu konzentrieren. Es gelingt ihm, seine Pfeife zu entzünden, obwohl nun manchmal heftig das Segeltuch über ihnen schlägt.
„Es ist vielleicht auch relativ, wie man den Gebrauch von Waffen beurteilen sollte", sagt der Gast aufgeregt. „Vielleicht gibt es doch Situationen, wo man sich einfach wehren muss, wo sich ein Volk wehren muss."
Einstein wendet endlich das Boot, das der Wind nun wie mit Schlägen vor sich hertreibt. Plötzlich sagt er mit fester Stimme: „Ich glaube nicht, dass in der Politik etwas relativ sein sollte. Da kommt es mir auf Prinzipien an. Wenn einer mit Vergnügen in Reih und Glied zu einer Musik marschieren kann, dann verachte ich ihn schon. Er hat sein großes Gehirn nur aus Irrtum bekommen, da für ihn das Rückenmark schon völlig genügen würde."
Der Gast klammert sich mittlerweile am Rand des Bootes fest, das einen wilden Tanz aufzuführen scheint. Er ruft nun laut in den Wind: „Wenn zum Beispiel die eigene Familie bedroht wird ...", als das Segel umschlägt und ihn beinahe am Kopf trifft.

Einstein lacht kurz auf und sagt: „Entschuldigung. Manchmal trifft es einen doch überraschend. Auf jeden Fall ist es etwas anderes, ob man seine Familie zu verteidigen hat oder das sogenannte Vaterland. Heldentum auf Kommando, sinnlose Gewalttat und die leidige Vaterländerei, wie glühend hasse ich sie, wie gemein und verächtlich erscheint mir der Krieg."

Der Gast schweigt nun und denkt nur noch daran, heil an Land zu kommen. Als die ersten schweren Regentropfen fallen, macht Einstein das Boot am Steg fest. Er hält seine Pfeife am Brennen und sagt zu dem aschfahlen Gast: „Nur ahne ich inzwischen, dass es unter den Menschen solche gibt, die andere Menschen nicht als solche anerkennen. Vielleicht haben Sie doch recht: Wenn nicht die Macht der Welt in die Hände der schlimmsten Feinde der Menschheit geraten soll, könnte vielleicht auch ein anderes Prinzip als die Gewaltlosigkeit gültig sein ..."

In seinem Haus bietet Einstein dem Gast einen heißen Mokka an, doch der hat nicht mehr viele Worte und entfernt sich schnell. Keine fünf Minuten später prasselt ein Regen nieder, als wolle der Himmel die Erde von allem Schmutz reinwaschen.

Albert Einstein (1879–1955) ist einer der berühmtesten Wissenschaftler der Weltgeschichte. Seine Relativitätstheorie bedeutete eine wissenschaftliche Revolution; sie war der Ausgangspunkt für eine Vielzahl von Entdeckungen, die den Menschen auf dem Weg zum Verständnis der Welt riesige Schritte vorangebracht haben. Einstein wirkte aber auch als einer der wichtigsten Kämpfer für den Frieden.

Albert Einstein kam am 14. März 1879 in Ulm zur Welt, als Sohn jüdischer Eltern, die zu ihrer Religion keinen engen Bezug mehr hatten. Beruflich hatte der Vater Hermann in der Branche der Elektrotechnik keinen großen Erfolg. Die Familie versuchte zweimal einen Neuanfang, zunächst in München, wo der junge Albert aufwuchs, dann in Italien, wohin der Gymnasiast nicht mehr folgte. Er blieb in München in einem Internat und lehnte sich auf gegen das strenge System von Schule und Staat. Das ging so weit, dass er mit 15 Jahren die Schule verließ und sogar die deutsche Staatsangehörigkeit aufgab. Er ging für ein Jahr zu seinen Eltern nach Italien, ehe er sich entschied, in der vergleichsweise freiheitlichen Schweiz weiter die Schule zu besuchen und zu studieren. Zwar galt er schon damals als Sonderling, doch konnte er sich als Physiker gegen alle Widerstände durchsetzen.

Nach dem Studium arbeitete Einstein zunächst als Hilfslehrer, ehe es ihm gelang, eine Beamtenstelle im Patentamt von Bern zu erlangen. Damit hatte er die Gelegenheit, seinen ganz eigenen Interessen nachzugehen, denn allzu anspruchsvoll war die Stelle nicht. Die führten schließlich dazu, dass er in Gedankenexperimenten zu Schlussfolgerungen kam, die ein ganz neues Weltbild schufen: Unter der Voraussetzung, dass es nichts Schnelleres als das Licht geben kann, gelangte er zu der Erkenntnis, dass Masse, Raum und sogar die Zeit nicht fix sind, sondern sich „relativ" verändern können.

Einstein veröffentlichte seine wichtigsten wissenschaftlichen Arbeiten schon im Jahr 1905, doch es dauerte einige Zeit, ehe sich seine Theorien weltweit durchsetzten. In den 20er-Jahren des 20. Jahrhunderts begann dann der fast absolute Ruhm Einsteins. Er wurde zu einer der berühmtesten Personen der Welt, wenn nicht zur berühmtesten, und das gilt bis heute. Zu dieser Zeit lebte er in Berlin, einer weltoffenen Stadt. Kulturell und wissenschaftlich brummte die deutsche Hauptstadt. Schon 1914 war Einstein dem Ruf gefolgt, unter großzügigen Sonderbedingungen in Berlin zu forschen. So hatte er die Möglichkeit zu einem fruchtbaren Austausch mit weltbekannten Persönlichkeiten, die um die Ecke zu treffen waren. Zugleich erlebte er aber hautnah, wie die Deutschen auf ihren absoluten geschichtlichen Tiefpunkt zutrieben oder, vielleicht besser gesagt, sich treiben ließen.

Einstein setzte seinen ganzen Einfluss ein, um sich immer wieder für den Frieden und gegen Gewalt und Krieg auszusprechen. In zahlreichen Erklärungen wandte er sich gegen das Militär, gegen das Abrichten von Menschen zu Soldaten, dabei auch scharf gegen den Nationalismus, wenn also das eigene Volk als etwas Besonderes herausgestellt wird, ihm gar das Recht zugesprochen wird, über andere zu herrschen und sie

Einstein auf einer Antikriegsdemonstration in Berlin, 1923

zu unterdrücken. In Deutschland war Einstein daher bei vielen verhasst, denn der Nationalismus war gewissermaßen „in", die Geisteshaltung der Zeit.

Als dann Einsteins Theorien auch in Experimenten bewiesen werden konnten und er 1921 den Nobelpreis für Physik erhielt, war sein Ruhm beinahe grenzenlos. Trotzdem blieben die Zweifler, vor allem in Deutschland. Dort suchte man gerade Schuldige am verlorenen Weltkrieg (1914–1918) und der schlimmen wirtschaftlichen Lage, die geprägt war von Geldentwertung und Massenarbeitslosigkeit. Zum Sündenbock wurden die Juden gemacht, die angeblich an allem Unheil in Deutschland schuld waren. Diese Sicht vertraten besonders aggressiv die Nationalsozialisten unter der Führung von Adolf Hitler. Einstein machte man zu einem „jüdischen" Wissenschaftler und stellte seinen Theorien eine „deutsche Physik" entgegen. Man störte seine Veranstaltungen und pöbelte ihn an. Einstein musste um sein Leben fürchten.

Als dann die Nationalsozialisten 1933 die Herrschaft an sich rissen, hatte sich Einstein zum Glück rechtzeitig in Sicherheit gebracht, und zwar in den USA, wo er sein Leben hoch angesehen beschloss. Bis zum Schluss setzte er sich für eine friedliche Welt ein; für dieses Ziel warf er seinen ganzen Einfluss als Berühmtheit in die Waagschale. Trotzdem hatte er angesichts der deutschen Gräueltaten seine absolute pazifistische* Haltung geändert. Mit Blick auf das Nazi-Reich, das mit dem Zweiten Weltkrieg einen Vernichtungs- und Ausrottungskrieg führte, sagte er: „Gegen organisierte Macht gibt es nur organisierte Macht. Ich sehe kein anderes Mittel, sosehr ich es auch bedauere."

Folglich gab er sich auch dazu her, zum Bau der Atombombe aufzurufen, weil er meinte, man müsste den Deutschen bei dieser Erfindung zuvorkommen und ihr Terrorregime und den Krieg stoppen, um weitere Todesopfer zu vermeiden. Damit hatte sich Einstein stellvertretend für die moderne Physik in einen moralischen Konflikt begeben: Ausgerechnet die Vertreter einer Wissenschaft, die man sich bis dahin in einem Elfenbeinturm vorstellte und die den Fortschritt und das Wohl der Menschen zum Ziel haben sollte, konnten nun zur Entwicklung der gewaltigsten Waffen in der Geschichte der Menschheit beitragen – Waffen, mit denen, wie man bald erkennen musste, die gesamte Zivilisation ausgelöscht werden konnte. Zwar bezeichnete Einstein später sein Vorgehen als „großen Fehler in seinem Leben", doch waren die Nationalsozialisten tatsächlich zu allem entschlossen und es bedurfte gewaltiger

---

* Pazifismus – *absolute Ablehnung von Krieg*

Nagasaki in Japan nach dem Atombombenabwurf 1945

Kraftanstrengungen ihrer Kriegsgegner, erkauft mit einer Unzahl an Menschenleben, um das „Dritte Reich" zu besiegen. Außerdem hatte er auch die weitere Entwicklung nicht vorhersehen können: Nach dem Zweiten Weltkrieg kam es zum Kalten Krieg zwischen Kapitalismus und Kommunismus, zwischen West und Ost, zwischen den Supermächten USA und UdSSR, wobei über Jahrzehnte hinweg die Gefahr bestand, dass die Menschheit sich mit dem Einsatz der Atombombe selbst vernichten könnte. Immer wieder rief Einstein entschieden für den Frieden in der Welt auf.

Albert Einstein starb am 18. April 1955 in den USA, wo er nie recht heimisch geworden war, vor allem auch deswegen nicht, weil man dort im Kalten Krieg bald gegen alle Bürger vorging, die irgendwie verdächtig waren, „Kommunisten" zu sein. Nach Deutschland wollte er nicht zurückkehren. Er konnte den Deutschen nicht verzeihen, was sie seinen Glaubensbrüdern angetan hatten.

Dem Rad in die Speichen fallen: Dietrich Bonhoeffer

Lieber Martin,

so wie die Zeiten sind, in diesem September 1933, hoffe ich sehr, dass dich dieser Brief in England erreicht. Ich muss dir nicht aufschreiben, wer ich bin. Es reicht aus, wenn ich dich an Biesenthal erinnere, wo wir so leidenschaftlich mit B. diskutierten und du mich spaßhaft darüber aufklärtest, ich sollte beim Beten nicht die Hände so fest zusammenpressen, das würde ja meinem Glauben die Luft nehmen.

Nun ja, ist jetzt vielleicht der Antichrist nach Deutschland gekommen? Ein Zeichen dafür wäre ja, dass er sich tarnt und als solcher nicht zu erkennen ist. Seine Anhänger gehen jedenfalls derart verbrecherisch vor, wie sich das wohl niemand hätte vorstellen können. Wie sie den Reichtagsbrand genutzt haben, um die absolute Herrschaft an sich zu reißen! Seitdem sind alle Grundrechte aufgehoben. Deswegen betreibe ich auch das Versteckspiel mit diesem Brief: Das Postgeheimnis gilt ja nicht mehr. Jedenfalls möchte ich dir kurz von B. schreiben, der nun bald zu euch kommt. Hier ist er einer der wenigen Aufrechten geblieben.

Du hast ja davon gehört, dass in Wittenberg diese von den Nazis herbeigeführte Veranstaltung stattfand, die ernsthaft darüber befinden wollte, ob der Arierparagraph auch in der evangelischen Kirche Gültigkeit haben sollte. So groß ist die Verwirrung in diesem Land, dass Menschen, die sich Christen nennen, andere Menschen von ihrem Glauben ausschließen wollen! Sie haben keine Ohren mehr, um zu hören. Man kann ihnen nicht sagen, dass sie damit Christus selbst ausschließen würden, der doch Jude war.

Aber ich wollte dir von B. schreiben, um dir zu ihm etwas Bestimmtes mit auf den Weg zu geben. Denn du musst wissen, in welcher Gefahr er sich befindet. Ich treffe ihn gleich am Morgen, als die Versammlung noch nicht begonnen hat und die Teilnehmer noch in Gruppen plaudernd zusammenstehen, darunter so viele in der neuen Uniform! Er nimmt mich gleich beiseite, als er mich sieht, und zieht mich sofort hinein in tiefste Glaubensfragen. Es ist eine aberwitzige Situation: Während um uns herum laut geredet, gelacht und gefeixt wird, während sich anscheinend alle versichern, unserem Führer fortan bedingungslos zu folgen, fragt mich B., wann es an der Zeit ist, dem Rad in die Speichen zu fallen.

Ich verstehe erst nicht so recht oder will nicht verstehen. Die ganze Zeit habe ich das Gefühl, wir beiden wären die Einzigen, die tuscheln, uns beiden würde man ansehen, dass wir etwas zu verbergen hätten. Und das haben wir ja in diesen Zeiten, wo man nicht mehr frei sprechen kann! Glaubst du, dass all die hier verstehen werden, was auf uns zukommt, fragt er. Sie sind dumm, fährt er fort, und sie werden nun erst recht verdummt. Der Krieg wird kommen, das ist sicher, und sie werden ihn mit vorbereiten. Ich bin bass erstaunt und merke, wie ich anfange, Zeichen zu machen, B. solle leiser reden. Aber er fährt unbeirrt fort, man müsse diese sogenannten Deutschen Christen aus der Kirche ausschließen, man müsse entschieden gegen sie vorgehen, ganz offensiv. Ich antworte, vielleicht sollte man doch abwarten, um die Nazis nicht zu zwingen, die Kirche als Feind zu sehen. Da braust er richtig auf. Die Nazis wollen keine Kirche, sagt er, die Nazis wollen das Volk, das dumme. Du kannst dir denken, wie es mir kalt den Rücken hinunterläuft, als ich die Blicke der anderen Pfarrer sehe.

Aber er hat recht: Bin ich denn auch schon Petrus, der seinen Herrn verrät, frage ich mich im Nachhinein. Er sagt noch ganz ausdrücklich: Wir müssen uns auf völlig neue Wege gefasst machen, die wir dann zu gehen haben. Die Frage ist wirklich: Germanismus oder Christentum, und je bälder der Konflikt offen zutage tritt, desto besser.

Ich habe wegen B. nun mal ein ungutes Gefühl. Mir scheint, dass er gar nicht anders kann, so aufrichtig wie er ist, als sich in die Rolle des Märtyrers zu begeben. Das hat er später nicht nur mir deutlich gemacht, sondern wirklich allen Versammelten. Als nämlich dieser Müller als neuer Reichsbischof eine Rede hält und sagt „Der kirchenpolitische Kampf ist vorbei", lacht es in der Kirche plötzlich laut auf der Empore, geradezu wie ein himmlisches Gelächter, das mir aber wieder eine Gänsehaut macht, und bestimmt nicht nur mir. Ich muss dir nicht sagen, von wem das Lachen kam. Und ebendas will ich dir mit auf den Weg geben: Wenn B. nun bald als Pfarrer nach England geht, solltest du vielleicht darauf drängen, dass er nicht nach Deutschland zurückkehrt. Hier führt sein Weg in den Abgrund, dass du das weißt.
Denk an uns, bete für uns!

Herzliche Grüße
Dein xxx

PS: Nur wird B. sagen, der Weg Deutschlands führt erst recht in den Abgrund.

Als mit der sogenannten Machtergreifung der Nationalsozialisten am 30. Januar 1933 das schwärzeste Kapitel der deutschen Geschichte begann, ließen sich auch viele Christen in Deutschland von Adolf Hitler blenden. In einer Zeit wirtschaftlicher Unsicherheit und politischen Durcheinanders erhofften sie sich von ihm eine Stabilisierung der Zustände. Ein „starker Mann", der endlich Ordnung schaffen würde, schien vielen die bessere Alternative zu der wackeligen Weimarer Republik, die auf das Kaiserreich gefolgt war. Außerdem waren viele Deutsche schon „völkisch" verblendet – Nationalismus war zu jener Zeit sehr weit verbreitet. Sie störten sich nicht daran, dass die Nazis die Menschen in höhere und niedere „Rassen" einteilten, und gingen darüber hinweg, dass eine solch menschenverachtende Einstellung den Grundsätzen des christlichen Glaubens völlig zuwiderläuft. Eine große Zahl von Christen passte sich der neuen Gewaltherrschaft so sehr an, dass sie tatsächlich nur noch „arische"* Glaubensbrüder in ihrer Kirche akzeptieren wollten.

Die „Judenfrage" hatten die Nazis sofort zu einem Kernpunkt ihrer Politik gemacht: Die Juden wurden durch den sogenannten „Arierparagraphen" aus der Gesellschaft ausgeschlossen – sie durften nicht mehr Beamte sein und bestimmte Berufe nicht mehr ausüben, und fast alle Vereine und sonstigen Gesellschaften übernahmen die Regelung, Juden nicht aufzunehmen. Die Diskriminierung der Juden wurde in den folgenden Jahren immer schlimmer und ging so weit, dass Juden zum

---

* Arier – *Bezeichnung der Nationalsozialisten für die angebliche „germanische Herrenrasse"*

Beispiel keine öffentlichen Verkehrsmittel, Schwimmbäder oder Parkbänke benutzen oder nur in bestimmten Läden einkaufen durften. Der Theologe Dietrich Bonhoeffer (1906–1945) gehörte zu den Menschen, die sich von Anfang an dagegen entschieden wehrten.
Nach der Machtübernahme der Nazis hatten vor allem die Deutschen Christen, die sich am Nationalsozialismus orientierten, großen Zulauf und waren in der evangelischen Kirche bald tonangebend. Schon im September 1933 wollten sie auf der Nationalsynode in Wittenberg, einer Versammlung der evangelischen deutschen Landeskirchen, darüber abstimmen lassen, ob der Arierparagraph auch für die Kirche gelten sollte. Aus der christlichen Gemeinde wollte man damit diejenigen Juden entfernen, die sich hatten taufen lassen – denn die Abneigung der Nazis gegen die Juden war nicht auf deren Religion gegründet, auch getaufte Juden gehörten für sie nach wie vor der verachteten „jüdischen Rasse" an.
Gegen die Deutschen Christen bildete sich eine Opposition in

Judendiskriminierung in Deutschland 1933

Form des Pfarrernotbundes und der Bekennenden Kirche, die sich im sogenannten „Kirchenkampf" gegen die Vereinnahmung der Kirchen durch das neue, totalitäre Regime wehrte. Nur lehnte auch sie nicht grundsätzlich den nationalsozialistischen Staat ab. Bonhoeffer war einer der wichtigsten Vertreter dieses christlichen Widerstandes. Die Bekennende Kirche betrachtete sich als einzige rechtmäßige Vertretung der deutschen Protestanten, auch wenn sie in der Minderheit und am Ende in sich zerstritten war. Doch auch die Deutschen Christen verloren bald alle Bedeutung. Das lag allerdings daran, dass die Nazis schnell erkennen ließen, dass sie auch das Christentum an sich bekämpfen würden – für Religion war in ihrem Weltbild kein Platz.

Dietrich Bonhoeffer wuchs in einer großbürgerlichen Familie mit sieben Geschwistern auf, wobei er selbst der Zwilling seiner Schwester Sabine war. Sie heiratete später den Juristen Gerhard Leibholz, einen Juden, sodass Bonhoeffer schon auf diese Weise das Schicksal der Juden unter Hitler hautnah miterlebte. Als wohlhabende und gebildete Familie empfanden die Bonhoeffers eine geradezu natürliche Abneigung gegen die Nazis und beinahe alle Mitglieder der Familie engagierten sich im Widerstand. Ohne dass es eine starke christliche Ausrichtung in der Familie gegeben hätte, wurde Dietrich Bonhoeffer so stark vom christlichen Glauben angezogen, dass er Theologie studierte und sich zum Pfarrer ausbilden ließ.

Bonhoeffer war ein leidenschaftlicher Christ, der versuchte, dem Glauben neues Leben zu geben und ihn im täglichen Leben zu verankern. Er bezog sich stark auf Jesus Christus, besonders auf die Bergpredigt. So war Bonhoeffer gegen die dämonische Verführungskunst Adolf Hitlers und seiner Schergen gewappnet. Er war Mitbegründer der Bekennenden Kirche, die versuchte, sich der „Gleichschaltung" durch die Nazis zu entziehen. Bonhoeffer war in seinem Glauben entschieden: Weil er von Anfang an erkannte, dass das System der Nationalsozialisten Krieg und Massenmord bedeutete, musste er als Christ zum Widerstandskämpfer werden. Und weil er als Christ sich seiner Verantwortung nicht entziehen wollte, lehnte er mehr als einmal die Möglichkeit ab, im Ausland in Sicherheit zu bleiben. Sowohl aus England, wo er von Ende 1933 bis April 1935 Pfarrer einer deutschen Kirchengemeinde war, als auch aus Amerika, wohin er kurz vor Kriegsausbruch gereist war, kehrte er bewusst in das „Dritte Reich" zurück. Er sah es als seine Verpflichtung, „dem Rad in die Speichen zu fallen".

Als die Nazis dann ab 1939 tatsächlich Krieg führten und ab 1941 begannen, die Juden systematisch zu ermorden, musste Bonhoeffer erfahren, wie schwierig es sein kann, den christlichen Glauben in die Tat umzusetzen und seinen Geboten zu folgen. Er kam in Konflikt mit dem christlichen Gebot „Du sollst nicht töten". Er stimmte schließlich dem Tyrannenmord zu, damit das Morden an Millionen aufhören sollte. Damit stand er auch in der Bekennenden Kirche auf verlorenem Posten. So arbeitete er in Verschwörerkreisen mit, in denen geplant wurde, Hitler durch ein Attentat auszuschalten. Leider misslan-

I Bonhoeffer im Wehrmachtsgefängnis Berlin-Tegel, Frühsommer 1944

gen alle Versuche, auf diese Weise der Tyrannei in Deutschland ein Ende zu bereiten. Auch Bonhoeffers Gruppe wurde entdeckt und ihre Mitglieder verhaftet. Bonhoeffer wurde am 5. April 1943 erst eingekerkert, dann ins Konzentrationslager Flossenbürg gebracht und wenige Tage vor Kriegsende ermordet. Vor seiner Hinrichtung soll er gesagt haben: „Das ist das Ende – für mich der Beginn des Lebens."
Dietrich Bonhoeffer, dessen Gedanken und Taten die meisten Deutschen auch lange nach dem „Dritten Reich" missbilligten, hat in seinem Leben erfahren, wie schwer die Prinzipien des christlichen Glaubens zu leben sind. Er ist ein ganz besonderer Märtyrer der evangelischen Kirche geworden, die in ihrer Gesamtheit lange brauchte, ihn als Vorbild anzuerkennen. So verweigerte zum Beispiel der Landesbischof von Mün-

chen bei einer Gedenkfeier anlässlich von Bonhoeffers Todestag 1955 in Flossenbürg seine Teilnahme. Inzwischen würdigt man seinen Mut und seine Standhaftigkeit und er ist eine der berühmtesten Personen des deutschen Widerstands im „Dritten Reich" geworden. Er tat, was zu jener Zeit die wenigsten Deutschen taten: Er folgte der Stimme seines durch den christlichen Glauben geprägten Gewissens und ignorierte angesichts von Gefahr für sich selbst nicht die Leiden seiner Mitmenschen.

Wir werden siegen: Martin Luther King

Es ist ein Tag im Mai 1963. Er ist in mein Gedächtnis eingebrannt und ich sehe ihn vor mir wie einen Film: Ich gehe an der Hand meines Vaters durch die Straßen der Stadt Birmingham und versuche, tapfer zu sein. Mit uns gehen Hunderte andere Schwarze, viele meiner Freunde in der Schule, viele der älteren Schülerinnen und Schüler, sie allein, ohne ihre Eltern. Immer wieder rufen einige von uns Worte wie Freiheit, Gerechtigkeit, Frieden, was andere wie ein Echo wiederholen. Immer wieder wird gesungen.

Es macht stark, nicht stumm zu sein, nicht schweigen zu müssen. Ich mache mich so groß wie möglich, nehme den Kopf zurück und spüre, wie die Angst in mir weicht. Die Hand meines Vaters fühlt sich ein wenig feucht an, aber er spricht ruhig auf mich ein. „Bleib bei mir", sagt er, „und halt dich an mir fest, egal was kommt!"

Wir ziehen eine Straße entlang, als müssten wir sie uns langsam aneignen. Sonst fahren Autos, wo wir gehen. Wir ziehen durch ein Spalier weißer, geifernder Menschen, die uns verächtlich anschauen oder hasserfüllt anschreien. Je weiter wir vorankommen, desto mehr Polizisten stehen am Straßenrand, weiße Polizisten. Manche sitzen auf Pferden und bedrängen uns mit diesen riesigen Tieren. Die meisten halten Gummiknüppel in den Händen und alle sind bewaffnet. Einige halten Schäferhunde an der Leine. Die fletschen die Zähne wie ausgehungert und sind kaum zurückzuhalten.
Ich habe meinen Vater so lange bedrängt, bis er nachgegeben und mich mitgenommen hat. In der Menge laufen außer mir noch andere Kinder mit. Ganze Schulklassen sind geschlossen unterwegs und bereit, sich einsperren zu lassen für unseren Freiheitskampf. Doctor King und seine Mitstreiter wissen, es könnte sogar Tote geben. Doch Tote gibt es sowieso immer wieder bei uns in den Südstaaten, wenn Weiße einen Schwarzen hinterrücks erschießen oder ihn sogar lynchen, ohne dass sie deswegen verurteilt werden. Heute bedrohen sie uns offen mit Waffen, wie im Krieg.
Wir halten uns fest an den Händen, haken uns unter. Alle glauben ganz fest, dass unser Kampf gegen die Weißen gerecht ist. Sie beschimpfen uns mit aller Selbstverständlichkeit als *Nigger*. Oder sie nennen uns *Boy*. Auch die erwachsenen Männer nennen sie so, sogar

die Alten. Oder sie sagen *John,* egal wie wir wirklich heißen. Sie erniedrigen uns, indem sie sogar mit meinen Großeltern wie mit Kindern sprechen!
Plötzlich stehen wir vor einer Polizeikette. Von hinten schieben die anderen Demonstranten nach und mein Vater versucht, mit mir auszuweichen. Plötzlich stehen wir neben Doctor King. Ich höre ihn schwer atmen und Gebete rufen und immer wieder mit den anderen singen. Auch mein Vater und ich singen: Es hilft und gibt Kraft. Zwar kenne ich noch nicht die einzelnen Strophen, aber vor allem bei dem Lied *We shall overcome* stimme ich immer mit ein.
Doctor King ist viel kleiner, als ich ihn mir vorgestellt hatte. Jedenfalls wirkt er so, vielleicht, weil er von großen Leuten in die Mitte genommen wird, die ihn schützen. Er hat ja keine Leibwächter, will keine, denn sein unerschütterliches Prinzip ist das der Gewaltlosigkeit.
Da stehe ich plötzlich mit meinem Vater vor einem Polizisten, der immer wieder in die Menge ruft: „*Go home!*" Plötzlich sieht er meinen Vater direkt an und sagt zu ihm: „*Go home, John!*"
Zuerst schaut mein Vater zu Boden, wie man das als Schwarzer automatisch macht, wenn ein Weißer einen anspricht. Dann schaut mein Vater aber schnell wieder auf und sein Blick geht wie Hilfe suchend zu Martin Luther King. Der erwidert den Blick ganz ruhig.
Plötzlich drückt mein Vater den Rücken durch. Als wäre

er auf einmal mit Kraft aufgeladen, atmet er tief durch. Er drückt fest meine Hand und sagt mit einer Stimme, die aus seinem ganzen Körper zu kommen scheint: „Ich heiße nicht John. Ich heiße Louis Albright." Der Polizist läuft rot an wie ein Puter und greift nach seinem Schlagstock. Doch plötzlich wendet er sich ab und ruft wieder in die Menge: *„Go home!"*

In diesem Moment verspüre ich keine Angst, sondern etwas, was ich angesichts eines Weißen zum ersten Mal erlebe: Stolz. Stolz auf meinen Vater und auf uns Schwarze.

Ich merke, wie erleichtert mein Vater ist, als wir die Demonstration verlassen. Wir sind gut davongekommen. Die Polizei hat es nicht gewagt, wieder so vorzugehen wie am 3. Mai. An diesem Tag lösten die Polizisten die Demonstration mit Gewalt auf. Hätte ich an einem solchen Tag auch noch so stolz auf meinen Vater sein können? Denn er hätte sich nicht wehren dürfen.

Mein Vater nimmt mich mit in die Baptisten-Kirche in der 16. Straße, die sich bald bis auf den letzten Platz füllt. Alle warten auf Martin Luther King. Als er spricht, bin ich wie betäubt, so sehr gehen mir seine Worte unter die Haut. Er spricht mit derselben Stimme, die auch mein Vater hatte, als er sich gegen den Polizisten wehrte.

Im Jahr 1963 entschloss sich der schwarze Pfarrer Martin Luther King (1929–1968), für die Gleichstellung der Schwarzen in der amerikanischen Stadt Birmingham zu demonstrieren. Birmingham war „die Metropole der Rassentrennung", wie King sagte. Wenn die Schwarzen dort ihre Rechte einforderten, würde die Welt sehen, was Rassismus in den USA bedeutete – Ausgrenzung, Ungerechtigkeit, Unterdrückung, Gewalt. Martin Luther King dagegen orientierte sich am Prinzip der Gewaltlosigkeit des Mohandas Karamchand Gandhi.

Tatsächlich reagierten die Behörden der Stadt viel schlimmer als erwartet. Nachdem bereits etliche Demonstrationen stattgefunden hatten, an denen am 2. Mai zum ersten Mal auch Minderjährige teilnahmen, ließ der Polizeichef Bull Connor am Tag darauf die Gewalt sprechen. Mit Hochdruck betriebene Wasserwerfer spülten auch Jugendliche und Kinder von der Straße wie Laub. Sogar Schäferhunde ließ man auf die wehrlosen Demonstranten los, die Connor zu Hunderten in überfüllte Gefängniszellen sperren ließ.

Doch gerade diese Anwendung staatlicher Gewalt erzielte die gegenteilige Wirkung: Das Fernsehen berichtete ausführlich und übertrug die Bilder in alle Haushalte. Viele Amerikaner waren geschockt und das ganze Land in der Welt blamiert, auch weil die USA in Vietnam gerade einen Krieg für die „Freiheit" kämpften. Es dauerte nicht lange und alle Gesetze, die sich gegen die Schwarzen richteten, wurden abgeschafft. Die Idee des gewaltlosen Widerstands, die Martin Luther King immer wieder neu vertrat, hatte sich in der Praxis glänzend bewährt.

In der amerikanischen Verfassung heißt es ausdrücklich: „Wir halten es für selbstverständlich, dass alle Menschen gleich geschaffen sind." Doch die südlichen Staaten der USA hatten die Sklaverei auch nach der Unabhängigkeit des Landes von Großbritannien im Jahr 1783 beibehalten. Seit Generationen schufteten auf den riesigen Baumwollfeldern in den tropischen Südstaaten die ursprünglich aus Afrika verschleppten Sklaven. Erst der amerikanische Bürgerkrieg 1861–1865 mit Hunderttausenden Toten machte dem ein Ende. Trotzdem gelang es den Südstaaten auch nach dem offiziellen Ende der Sklaverei, ein ganz eigenes System zur Unterdrückung der schwarzen Bevölkerung zu betreiben. Jede „Rasse" sollte für sich und unter sich leben.

In allen Südstaaten gab es Gesetze zur Rassentrennung – von Weißen erlassen. Sie dienten zu nichts anderem, als die Schwarzen zu erniedrigen und ihnen ihre Rechte zu rauben, welche

Trinkbrunnen für „Farbige" in Oklahoma City, USA, 1939

die amerikanische Verfassung vorsieht. Wer als Schwarzer an einem öffentlichen Brunnen Wasser trinken wollte, musste darauf achten, ob die Wasserstelle für Weiße und *Colored* eingerichtet war. Wer als Schwarzer mit dem Bus fuhr, durfte nicht vorn bei den Weißen sitzen. Am Bahnhof mussten Schwarze die Wartesäle mit der Aufschrift *Colored* aufsuchen. Wer als Schwarzer ins Krankenhaus musste, wurde in eigenen Räumen für Schwarze behandelt. Schwarze durften nicht an „weißen" Universitäten studieren, nicht in „weiße" Wirtschaften gehen, nicht einmal in „weiße" Kirchen, und sie durften nur wählen, wenn sie zuvor einen Analphabeten- und Wissenstest bestanden hatten. Erniedrigungen und Demütigungen von Schwarzen waren in vielen Gegenden der Südstaaten an der Tagesordnung. Gewalttaten gegen Schwarze, sogar Morde, wurden gewöhnlich nicht bestraft.

Das war der Hintergrund, vor dem der junge Martin Luther King als Pfarrer zu wirken begann. King stammte aus einer Pfarrersfamilie, daher auch sein Vorname. Seine Eltern waren keine armen Leute. Er konnte erfolgreich studieren und sogar den Doktortitel erwerben. Schon früh zeichnete er sich als ausgezeichneter Redner aus. Die Zustände in den Südstaaten empörten ihn immer wieder. Schon mit 26 Jahren übernahm er die Leitung des berühmten Busboykotts von Montgomery. Eine schwarze Frau hatte sich geweigert, ihren Platz im Bus einem Weißen zu überlassen, und war deswegen verurteilt worden. Mit dem Mittel der Gewaltlosigkeit und des bürgerlichen Ungehorsams boykottierten daraufhin die Schwarzen in der Stadt so lange die Busgesellschaft, bis die rassistische Sitzordnungsregelung aufgehoben wurde.

Martin Luther King wurde berühmt. Er führte die sogenannte Bürgerrechtsbewegung an und erreichte schließlich mit Demonstrationen, Protestmärschen und Reden, dass alle Gesetze abgeschafft wurden, die Schwarze benachteiligten. Dabei war er selbst häufig in Gefahr; mehrmals landete er im Gefängnis. Höhepunkt der Bewegung war nach den Vorfällen in Birmingham, die für internationales Aufsehen gesorgt hatten, der Marsch auf Washington, als Hunderttausende Schwarze, aber auch engagierte Weiße, in der amerikanischen Hauptstadt für Arbeit und Freiheit demonstrierten. King hielt seine berühmte Rede mit den Schlagworten *„I have a dream"*. Als großer Redekünstler wiederholte er diese Worte ständig: Er

Martin Luther King beim Marsch auf Washington, 1963

habe den Traum, es gäbe keinen Rassismus mehr, keine Benachteiligung von Schwarzen, keine Ungerechtigkeit. Original auf Englisch sagte er anschließend: *„With this faith, we will be able to hew out of the mountain of despair a stone of hope. With this faith, we will be able to transform the jangling discords of our nation into a beautiful symphony of brotherhood. With this faith, we will be able to work together, to pray together, to struggle together, to go to jail together, to stand up for freedom together, knowing that we will be free one day."* Kurz darauf erhielt er im Alter von nur 35 Jahren den Friedensnobelpreis.

Fortan versuchte King, seine Bürgerrechtsbewegung auszuweiten. Er begann, für soziale Gerechtigkeit zu kämpfen und besonders gegen den unseligen Vietnamkrieg. Damit wurde er erst recht zum Hassobjekt der führenden weißen Gesellschaftsschicht. Als King gerade am Scheideweg stand, wie seine Bewegung des sozialen Protests weiterzuführen wäre, als führende Persönlichkeiten der USA, ja sogar der Präsident John F. Kennedy selbst, ermordet wurden, und als zugleich immer mehr Schwarze Gewalt guthießen, fiel er selbst einem Attentat zum Opfer. King wusste um die Gefahr, die ihm drohte. Noch am Tag vor seiner Ermordung sprach er wie prophetisch davon, er habe schon das gelobte Land gesehen und keine Angst vor dem Tod. Die Umstände seiner Ermordung sind nie wirklich befriedigend aufgeklärt worden, auch wenn von Anfang an der Täter, ein Weißer, feststand. Aber wie im Fall des ermordeten Präsidenten John F. Kennedy gibt es bis heute den

Verdacht, es könnte sich um eine Verschwörung staatlicher Einrichtungen gehandelt haben.

Als tiefgläubiger Christ nahm Martin Luther King die Botschaft der Bibel beim Wort: Liebe deinen Nächsten. Seine Methode des Kampfes waren der gewaltlose Widerstand und der zivile Ungehorsam. Für King war es dabei von großem Vorteil, dass er sich auf die freiheitliche amerikanische Verfassung berufen konnte, sogar wenn er dazu aufrief, gegen Gesetze zu verstoßen. Er erklärte, dass man sich nicht an ein Gesetz halten müsse, wenn dieses unrecht ist. Wie sein Vorbild Gandhi hatte auch Martin Luther King bewiesen, dass sich gesellschaftliche Verhältnisse ohne Gewalt verändern lassen.

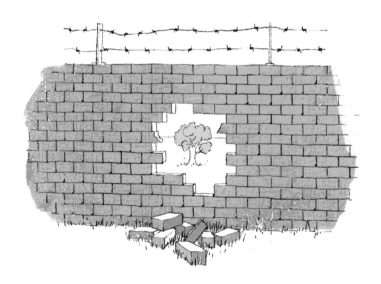

Ausdrücken, was sich nicht sagen lässt: Willy Brandt

In der Politik kommt es auf Worte an, immer auf Worte. Es werden Gespräche geführt, Meinungen ausgetauscht, Positionen vertreten, Verlautbarungen gemacht, Feststellungen getroffen ... und manchmal gibt es in der Politik, der wortreichen, doch keine Worte. Manchmal braucht es die auch nicht, um auszudrücken, was sich nicht sagen lässt.

Der Tag passt zur Stimmung: Es ist der 7. Dezember 1970, als sich Willy Brandt in Warschau aufmacht, Geschichte zu schreiben. Das Wetter ist kalt und klamm. Willy Brandt wird an diesem Tag etwas tun, was die Hälfte der Deutschen von ihm wünscht und die andere Hälfte ihm nie verzeihen wird: 25 Jahre nach dem Ende des Zweiten Weltkriegs in einem Vertrag garantieren, dass Deutschland die neue westliche Grenze Polens anerkennt. Das hat der andere deutsche Staat, die Deutsche Demokratische Republik, kurz DDR, längst getan. Aber gleichgesetzt mit „Deutschland" wird doch meist der Staat, dessen Kanzler seit einem Jahr Willy Brandt heißt: Westdeutschland, die Bundesrepublik Deutschland.

Vor der Unterzeichnung dieses Vertrags stehen aber noch zwei Tagesordnungspunkte an. Den ersten hat Willy Brandt hinter sich, nämlich einen Kranz am Grabmal des Unbekannten Soldaten niederzulegen. Das hat er nach Protokoll erledigt: Man ordnet ein wenig die Schleifen des Kranzes, dann verharrt man schweigend im Gedenken. Nur: Kann sich ein deutscher Kanzler nach den unvorstellbaren Gräueltaten, die seine Landsleute in Polen angerichtet hatten, verhalten wie andere Regierungschefs auch? Willy Brandt will der Welt zeigen, dass seine Regierung bereit ist, zur Schande der deutschen Verbrechen im Zweiten Weltkrieg zu stehen – dass es Zeit ist für eine neue Politik. Aber wie kann er das ausdrücken? Wie kann er das in Worte fassen? Welche Sätze würde jeder verstehen?

Willy Brandt gehen diese Fragen wie ein Mühlrad im Kopf herum, als seine Wagenkolonne in ein wüstes, leeres, abgeräumtes Gebiet der Stadt fährt, das umgeben ist von modernen gesichtslosen Plattenbauten. Es ist das Gebiet, wo sich einst das jüdische Ghetto befand. Nun scheint sich der Himmel erst recht zu verdüstern. Willy Brandt steigt aus dem Wagen und geht langsam, mit starrem Blick und ausdruckslosem Gesicht, auf das Mahnmal für die Opfer des Warschauer Ghettos zu. Die deutschen Politiker neben sich, die ihn begleiten, nimmt er nicht mehr wahr. Die Zuschauer lassen ihm eine breite Gasse; es sind gar nicht so viele, die sich versammelt haben: höchstens ein paar Hundert. Dutzende Fotografen haben sich mit dem üblichen Drängeln, Stoßen und Schubsen schon postiert und verteidigen das Plätzchen, das sie sich erkämpft haben. Dabei sind gar nicht alle Fotografen gekommen, die diesen Staatsbesuch begleiten. Man erwartet ja nichts anderes als wieder nur das übliche Kranzniederlegen.

Willy Brandt schreitet wie betäubt auf das Mahnmal zu, an dessen Seiten zwei Feuer lodern. Er gibt sich Mühe, Haltung zu bewahren. Hunderttausende Juden hatten die Nationalsozialisten in dem Ghetto zusammengepfercht und sie unter Bedingungen hausen lassen, für die „unmenschlich" kein Ausdruck ist – und nach und nach hatten sie die ausgemergelten Gestalten deportiert und in ihren Vernichtungslagern ermordet. Schließlich kämpften die verbliebenen Juden verzweifelt um ihr Leben und versuchten, sich zu befreien. Sie bezahlten ihren Kampf damit, dass die Nazis das ganze Ghetto und seine Bewohner auslöschten.

Als Willy Brandt an diesem feuchtkalten Tag die Schleifen an dem Kranz ordnet, wie sich das laut Protokoll gehört, ist sein Kopf plötzlich klar. Als Bundeskanzler der Bundesrepublik Deutschland, dem rechtlichen Nachfolgestaat des Dritten Reiches, verharrt er zunächst in seinem schweren Mantel, wie sich das ebenfalls gehört.

Doch plötzlich ist er für die meisten der Zuschauer und auch Fotografen nicht mehr zu sehen. Er hat sich auf die feuchten Granitstufen gekniet und bleibt so: kniend, die Hände aufeinandergelegt. Willy Brandt hat die Form für sein besonderes Gedenken gefunden. Er scheint in seiner Haltung so versunken, dass die Zeit sich lang und länger zu dehnen scheint. 30 Sekunden dauert es, ehe er sich wieder erhebt. Alle Fotografen haben ihre Aufnahme machen können. Niemand wagt danach zu sprechen. Man macht im Protokoll weiter. Aber das Bild bleibt. Es geht um die Welt. Es sagt mehr als alle Worte.

Wie kein zweiter deutscher Politiker der Neuzeit ist Willy Brandt (1913–1992) in der Welt bekannt geworden. Sein Name steht stellvertretend für die sogenannte Neue Ostpolitik. Er ist der einzige deutsche Politiker nach dem Zweiten Weltkrieg, der den Friedensnobelpreis erhalten hat.

Willy Brandt wurde am 13. Dezember 1913 als uneheliches Kind unter dem Namen Herbert Frahm in Lübeck geboren. Er wuchs bei seiner Mutter und seinem Stiefgroßvater auf. Seinen leiblichen Vater lernte er nie kennen. Wie es sich für seine soziale Herkunft geradezu gehörte, trat Brandt nach dem Abitur der SPD bei, *der* Arbeiterpartei zur damaligen Zeit. Die verließ er aber bald wieder, weil sie ihm zu wenig links stand, und wechselte zur SAP, der Sozialistischen Arbeiterpartei. Ab 1932 arbeitete er bei einer Schiffsmaklerfirma in Lübeck.

Als 1933 die Nationalsozialisten in Deutschland unter dem „Führer" Adolf Hitler an die Macht kamen, schafften sie sofort Rechtsstaat und Demokratie ab. Sie ließen alle möglichen politischen Gegner, vor allem Kommunisten und Sozialisten, entweder sofort ermorden oder verhaften und in Zuchthäusern oder neu geschaffenen Konzentrationslagern einsperren. Auch gegen die Juden, die als „Volksfeinde" und Bedrohung für Deutschland galten, gingen sie zunehmend brutal vor. Die Nationalsozialisten errichteten ein beispielloses Terrorregime, in dem niemand sich sicher fühlen konnte. 1939 entfesselte Hitler den Zweiten Weltkrieg, der sechs Jahre dauerte, über 50 Millionen Menschenleben kostete und den industriellen Massenmord an den meisten Juden Europas bedeutete.

Deportation von Juden nach dem Aufstand im Warschauer Ghetto, 1943

Willy Brandt konnte rechtzeitig nach Norwegen emigrieren. Dort kämpfte er im Dienst seiner neuen Partei vor allem journalistisch gegen das deutsche Terrorregime. Er legte sich den Decknamen Willy Brandt zu, den er auch später beibehielt. Als 1940 die deutsche Wehrmacht Norwegen überfiel, gelang es ihm, nach Schweden zu fliehen. Dort überstand er als norwegischer Staatsbürger und Journalist den Krieg. Als Journalist kehrte er auch 1945 nach Deutschland zurück, wo er bald wieder in die SPD eintrat und sich im westlichen Berlin erfolgreich eine politische Karriere aufbaute. Bald führte an ihm als Kanzlerkandidaten der SPD kein Weg vorbei.
In mehreren Anläufen versuchte Brandt ab 1961, Bundeskanz-

ler zu werden, was endlich 1969 gelang. Im Zentrum der Politik musste er schwere Verleumdungen ertragen. Wegen seiner Flucht ins Exil galt er als „Vaterlandsverräter". Sogar seine uneheliche Herkunft machte man ihm zum Vorwurf. Diese Angriffe steigerten sich noch, als Brandt eine neuartige Ostpolitik betrieb. Bis dahin gehörte es zu den Grundsätzen der westdeutschen Politik, die kommunistischen Staaten Osteuropas unter der Führung der Sowjetunion (zu denen auch die DDR gehörte) nicht anzuerkennen – und auch nicht die neue Nachkriegsordnung: Nach wie vor erhob man Anspruch auf die infolge des Krieges verlorenen deutschen Ostgebiete. In einer „Politik der kleinen Schritte" wollte Brandt nun die osteuropäischen Staaten eher durch eine begrenzte Zusammenarbeit auf die andere Seite ziehen, anstatt durch ständige Konfrontation zu versuchen, die eigenen Ziele durchzusetzen. Das bedeutete aber, zunächst einmal die neuen Machtverhältnisse in Europa anzuerkennen. Dazu gehörte an erster Stelle, Polen den Bestand seiner neuen Westgrenze zuzusichern, also für die Zukunft auszuschließen, dass Polen die ehemaligen deutschen Ostgebiete wieder an Deutschland abtreten müsste.
Tatsächlich half der neue Kurs den Menschen in Osteuropa, besonders auch in der DDR und im eingeschlossenen Westberlin: Ein Austausch von Waren und Informationen wurde wieder möglich, vor allem auch, wenngleich beschränkt, der Kontakt von Menschen. Für seine Politik wurde Brandt 1971 mit dem Friedensnobelpreis ausgezeichnet. Sie half, den Konflikt zwischen den Staaten beiderseits des „Eisernen Vorhangs" zu

entschärfen, und trug so zur Friedenswahrung in der Welt bei. Brandts Politik schätzte eine knappe Mehrheit der Westdeutschen als so erfolgreich ein, dass sie ihn in der nächsten Bundestagswahl 1972 als Bundeskanzler bestätigten. Mittlerweile war er aber als Mensch ausgelaugt und erschöpft. Wegen einer Spionage-Affäre, für die er nicht die geringste Verantwortung trug, trat er zwei Jahre später zurück: Die DDR hatte mit Günter Guillaume einen Spion auf ihn angesetzt, der als

Willy Brandts Kniefall im ehemaligen Warschauer Ghetto

persönlicher Referent für ihn arbeitete. Längst hatte er das Vertrauen anderer Entscheidungsträger seiner Partei verloren. Unter dem neuen Kanzler Helmut Schmidt ging man schnell „zur Tagesordnung" über. Dennoch blieb Brandt als Vorsitzender der SPD und der Sozialistischen Internationalen, eines weltweiten Bündnisses sozialdemokratischer Parteien, im Mittelpunkt der Politik, die er als abgeklärter und altersweiser Staatsmann beeinflusste.

Am Ende seines Lebens kam es noch zu zwei großen Änderungen, einer privaten, einer von Weltbedeutung: Zum einen trennte er sich von seiner norwegischen Frau, mit der er 32 Jahre lang verheiratet gewesen war, und zwar zugunsten einer wiederum 32 Jahre jüngeren, die sein Leben bis zum Ende mitbestimmte. Außerdem erlebte er noch die deutsche Wiedervereinigung im Jahr 1989, die er mit den Worten bedachte: „Nun wächst zusammen, was zusammengehört." Willy Brandt starb am 8. Oktober 1992 im Alter von 79 Jahren an Krebs.

Es bleibt das Verdienst des Menschen Willy Brandt, entscheidend mitgeholfen zu haben, gegen massive Widerstände im eigenen Land ein friedlicheres Zusammenleben der Menschen nicht nur in Europa zu ermöglichen. Es gab nicht so viele Menschen in der Bundesrepublik, die zu seiner Zeit auch nur die Schuld der Deutschen an den Verbrechen der Nazi-Herrschaft anerkennen wollten – geschweige denn, dass sie um Vergebung gebeten hätten, noch dazu in einer Art, wie Willy Brandt das 1970 in Warschau tat. Zu dieser großen Geste gehörten Mut, Herz und Überzeugung.

Entwaffnet: Michail Sergejewitsch Gorbatschow

Der Tag ist heiter, die Stimmung angespannt. Das Zusammentreffen ist auf zwölf Minuten ausgelegt. Das sollte reichen. Die Sicherheitskräfte trommeln nervös auf ihren versteckten Pistolenhaltern. Alle blicken in der Gegend umher; die unbelaubten Bäume bieten freie Sicht. Doch es tut sich noch nichts. Immer wieder geht der Blick zur Uhr. Hin und wieder sind Anweisungen über Funk zu hören. Jeden Moment muss es so weit sein.

Vielleicht ist es für den amerikanischen Präsidenten Ronald Reagan sogar ein Vorteil, dass er nur noch schlecht sehen kann und fast taub ist. So kann er noch besser in sich selbst ruhen. Lächelnd wartet er vor der Villa Fleur d'Eau in der Schweiz. Er weiß, wie man sich nach außen gibt – aufrecht, strahlend, selbstbewusst. Jetzt, Ende November, ist es ziemlich kalt, doch Reagan wartet auf seinen Gast aus der Sowjetunion, als wäre er ein wettergegerbter Cowboy. Als Vierundsiebzigjähriger hätte er sich wenigstens einen Pullover überziehen können oder sogar einen Mantel. Doch Reagan wird sich keine Blöße geben, nicht gegenüber einem Kommunisten. Dem muss sofort gezeigt werden, was Härte ist. Reagan kennt die Situation. Er hat sie in seinen vielen Hollywood-Filmen oft erlebt: Der Showdown steht an und dazu muss er auf den Punkt konzentriert sein. Trotzdem hat er für den entscheidenden Moment eine Überraschung parat, die alle verblüffen wird, vor allem seinen Gegenspieler.

Michail Sergejewitsch Gorbatschow ist hinter den verdunkelten Scheiben nicht gleich zu sehen, als seine Limousine in diesem Jahr 1985 vor der herrlichen Villa am Genfer See stoppt. Noch einmal überfliegt er die Liste in seiner Hand, auf der er sich peinlich genau notiert hat, welche Punkte er mit Reagan durchsprechen will, wo er Zugeständnisse machen und wo er selbst Forderungen stellen wird.

Vor allem muss er diesen Amerikaner dazu bringen, die Mittelstreckenraketen aus Europa abzuziehen und überhaupt das Wettrüsten zu beenden. Nur muss er für solche Verhandlungen die wichtigsten Trümpfe in der Hinterhand behalten. Dazu muss er genau wissen, wie die Fakten sind, wie viele Raketen mit wie vielen Sprengköpfen mit welcher Reichweite die Amerikaner haben, wie viele die Sowjetunion, außerdem wie viele Panzer, wie viele Truppen, wie viele Abwehrgeschütze, wie viele Radarstationen.

Sorgsam faltet Gorbatschow die Liste zusammen. Dann öffnen Bedienstete die Autotür und da ist er, der zweitmächtigste Herrscher der Welt, ein gedrungener und bestimmt nicht großer Mann. Entschlossen rückt er sich seinen Hut zurecht und zieht den Kragen seines Mantels zu.

Nun gilt es. Reagan lächelt. Vielleicht ist es kein Zufall, dass er früher in Filmen mitgespielt hat. Vielleicht konnte er nur deswegen ein überzeugender Präsident werden. Er weiß, wie sehr es auf den Moment der Überraschung ankommt. Reagan will sich nichts vormachen, hat er es doch mit einem Kommunisten zu tun, auch wenn der plötzlich fast wie Jesus spricht: Die Waffengewalt dürfte nicht mehr regieren. Die beiden Supermächte dürften sich nicht mehr auf Leben und Tod gegenüberstehen. Die Atomwaffen müssten abgebaut werden, die Staaten müssten zusammenrücken, die Welt müsste sicherer werden. Es gehe nicht an, dass Millionen Menschen damit beschäftigt sind, immer noch bessere Waffen zu planen und zu bauen.

Gorbatschow geht mit entschlossenem Schritt auf Reagan zu. Der drückt ihm die Hand, lachend, brüderlich. Gorbatschow stutzt. Damit hat er nicht gerechnet. Statt ihn todernst und abschätzig zu begrüßen, redet Reagan auf ihn ein. Gorbatschow hat gar keine Zeit zu antworten und spricht sowieso kein Englisch. Doch Reagan redet weiter, obwohl noch gar kein Dolmetscher bei ihnen ist. Und plötzlich legt er ihm sogar die Hand leicht auf den Rücken, um ihn in das Haus zu führen. Gorbatschow weiß, alles wird im Fernsehen gesendet. Wie soll er sich das Verhalten von Reagan erklären? Der darf doch so keinem Kommunisten begegnen, nicht so brüderlich. Als würde ihn dieser Gedanke lähmen, steht er mit Mantel und Schal und Hut steif da und sieht einfach zugeknöpft aus. Als er das spürt, drückt er den Rücken durch und winkelt die Arme an.

Reagan lässt die Arme hängen. Er weiß, keiner hat damit gerechnet, dass er sich so offen gibt. Aber so kann er die Oberhand behalten. Er sieht schemenhaft, wie Gorbatschow ein wenig unsicher an dem Hut in seiner Hand dreht. Reagan weiß genau, wie er einmal die Sowjetunion bezeichnet hat: als Reich des Bösen! Und nun muss er mit dem Vorsitzenden dieses Reiches sprechen, der in der Blüte seiner Jahre steht! Gorbatschow ist jung mit seinen vierundfünfzig Jahren, jung jedenfalls im Vergleich zu allen seiner meistens hochbetagten Vorgänger – und im Vergleich zu ihm selbst mit seinen gefärbten Haaren! In einem normalen Showdown hätte er keine Chance.

In der Villa nimmt Gorbatschow langsam auf einem der beiden Sessel Platz, die einladend bequem vor dem Kamin stehen. Sofort zieht er seine Liste aus der Jacke, als Reagan plötzlich sagt: „Man hat uns zwölf Minuten gegeben. Wir sollen die Punkte durchgehen, die man für uns vorbereitet hat. Aber ich möchte Ihnen mal was sagen: Wir zwei, Sie und ich, wir kommen beide aus kleinen Städten und kein Mensch hat je von uns erwartet, dass wir etwas auf die Beine stellen. Es liegt also jetzt an uns, der Welt das Gegenteil zu beweisen. Und wir können die da draußen warten lassen, so lange wir wollen. Das Sagen haben wir hier. Es kommt alles nur auf Sie und mich an."

Gorbatschow bleibt einen Moment sprachlos. Er lacht kurz auf und legt seine Liste beiseite. Ein solches Verhalten von solch einem Erzkapitalisten hat er nicht erwartet. Er breitet die Arme aus und spricht eindringlich davon, welche universelle Katastrophe ein Atomkrieg wäre, ja es wäre das schlimmste Verbrechen überhaupt. Reagan nickt, obwohl er nicht alles ganz verstanden hat. Dann antwortet er kumpelhaft, deswegen solle jeder Staat die Systeme zum Schutz seines Landes verbessern. Er denkt an sein Weltraumraketenabwehrprogramm, das sein Land vor dem Angriff feindlicher Raketen schützen soll und auch für die Wirtschaft äußerst wichtig ist. Davon wird er nicht abrücken. Er will sowieso von nichts abrücken. Er weiß: Sein Land lässt sich nicht ändern und muss das auch nicht. Und er weiß: Auch Offenherzigkeit kann entwaffnen.

Gorbatschow greift wieder nach seiner Liste, lässt sie

aber liegen. Er muss sich in Diplomatie üben. Die Sowjetunion befindet sich im wirtschaftlichen Niedergang. Das neuerliche Wettrüsten der Amerikaner fordert von der Sowjetunion alle Kräfte. Es geht an die Substanz. Er muss eine Änderung herbeiführen.

Minute um Minute vergeht und die Nerven der Sicherheitsbeamten sind längst zum Zerreißen angespannt. Was passierte dort in dem Haus, das sie zu bewachen haben? Immer wieder kommt die Frage über Funk, ob nun jemand hineingehen solle. Je mehr Zeit vergeht, desto stärker scheint die Gewissheit zu werden, dass drinnen etwas nicht mit rechten Dingen zugeht. Andererseits gibt es die versteckten Überwachungsmikrofone und von der Zentrale kommen nur beruhigende Worte. Nach fast anderthalb Stunden öffnen sich endlich die Türen der Villa am Genfer See. Heraus treten zwei lachende Staatsmänner, die zur Überraschung aller verkünden, sie hätten schon zwei neue Treffen vereinbart. Sie sagen, die Welt müsse sich verändern, Frieden sei unabdingbar und Gefahren lauern nur auf den, der nicht auf das Leben reagiert.

Nur wenige können erkennen, dass Gorbatschow eigentlich wie einer wirkt, der gerade entwaffnet worden ist.

Michail Sergejewitsch Gorbatschow wurde am 2. März 1931 in einem kleinen Ort der Region Stawropol weit im Süden Russlands geboren. Als Sohn von Bauern wuchs er auf dem Land auf, ehe er als junger Mann in Moskau studierte und danach in seiner Heimat Karriere im Staatsdienst machte. Er stieg rasch auf und wurde bereits 1971 in die Leitung der Kommunistischen Partei der Sowjetunion aufgenommen, das Zentralkomitee. 1979 kam er ins Politbüro, praktisch die Regierung der Sowjetunion. Nach dem Tod von Konstantin Tschernenko, einem todkranken Übergangskandidaten auf dem Posten des Generalsekretärs, wurde Gorbatschow 1985 selbst zum Generalsekretär gewählt, zum Staatsoberhaupt der Sowjetunion.

Gorbatschow hatte längst erkannt, dass sich der größte Staat der Erde grundlegend wandeln musste, um in Zukunft weiter bestehen zu können, vor allem in der Konfrontation mit den Vereinigten Staaten von Amerika. Dort war seit 1981 Ronald Reagan Präsident, der eine neue Politik eingeleitet hatte: die sogenannten *Reagonomics*. Mit den Mitteln von Staatsabbau und Staatsverschuldung betrieb er eine massive Unterstützung der Industrie, vor allem der Militärindustrie. Dazu zählte an erster Stelle das sogenannte SDI-Programm. Damit sollte es möglich sein, angreifende sowjetische Langstreckenraketen vom Weltraum aus zu zerstören, was wiederum die Angst auslöste, dass die USA dann unangreifbar wären und deswegen selbst die Sowjetunion angreifen könnten.

Das Ziel war, die Sowjetunion durch einen verschärften Rüstungswettlauf wirtschaftlich in die Knie zu zwingen. Die beiden

Gorbatschow und Reagan beim Gipfeltreffen in Genf, 1985

Staaten besaßen auf dem Höhepunkt ihres Wettrüstens genügend atomare Waffen, um die Welt mehrfach zu vernichten. Die Zeit der Konfrontation zwischen USA und Sowjetunion von 1945 bis 1990 nennt man auch den Kalten Krieg, weil es nie zu tatsächlichen Kriegshandlungen zwischen den beiden Gegnern kam – es blieb beim Wettrüsten, bei Drohgebärden und sogenannten Stellvertreterkriegen, fremden Konflikten, in die beide Supermächte eingriffen und jeweils eine Seite unterstützten. Tatsächlich konnte die Sowjetunion mit dem neuen Tempo, das die USA unter Reagan angeschlagen hatten, dauerhaft nicht Schritt halten. Dem technischen Fortschritt in der Herstellung moderner Waffen konnte die relativ träge Planwirtschaft nicht folgen, zumal sich die Sowjetunion auch noch auf einen Krieg in Afghanistan eingelassen hatte, der sich in dem armen, eigentlich unbedeutenden Land zu einem Stellvertreterkrieg entwickelte. Das riesige Reich wurde innerlich zermürbt. Das Militär forderte immer mehr Kräfte, während die wirtschaftliche Entwicklung zurückblieb. In der sowjetischen Planwirtschaft richtete sich die Herstellung von Waren nicht nach den wirklichen oder vermeintlichen Wünschen der Menschen, sondern ein Kader von Funktionären legte fest, welches die Bedürfnisse der Menschen wären, und plante entsprechend die Herstellung der Waren. Weil die Industrie dem Staat gehörte, sollte damit nur zum Wohl der Menschen gewirtschaftet werden, nicht, um Profit zu machen wie im kapitalistischen Westen.

Jedoch war diese Wirtschaft vergleichsweise unflexibel. Während im Kapitalismus wegen der Konkurrenz der Unternehmen untereinander ständig neue Maschinen erfunden und eingesetzt werden müssen, gab es in der Planwirtschaft wenig Grund, einen Industriebetrieb, der erfolgreich produzierte, zu modernisieren, und auch wenig Motivation, sich als Arbeiter besonders anzustrengen, da es keine Arbeitslosen und auch das Druckmittel der Entlassung nicht gab.

Besonders mit der Entwicklung des Computers preschte denn auch die westliche Wirtschaft unaufhaltsam voran, was wiederum insbesondere die Militärtechnologie nutzte. Auch in der Alltagsversorgung der Menschen mit gewöhnlichen Gebrauchsgütern gab es in den „real sozialistischen" Staaten immer wieder Probleme und Engpässe. Der Mangel war an der Tagesordnung.

Nach all den Jahren der Versprechungen, in denen die Überlegenheit des sozialistischen Systems gepriesen wurde, mussten am Ende auch die einfachen Leute im von der Welt abgeschlossenen „Ostblock" erkennen, wie viel besser die westlichen Produkte waren, wie viel besser die Lebensbedingungen in den kapitalistischen Staaten. So produzierte etwa die Sowjetunion zwar dreimal so viele Schuhe wie die USA, der Grund dafür lag aber darin, dass die Schuhe aus der Sowjetunion von schlechterer Qualität und daher schneller verschlissen waren. Die Unzufriedenheit der Menschen wuchs. Sie hatten das Gefühl, das System wäre erstarrt.

Gorbatschows Antwort hieß *Glasnost* und *Perestroika* und bedeutete eine neue „Offenheit" des politischen Systems und einen „Umbau" der Wirtschaft. Um zu überleben, musste die Sowjetunion ihr vergleichsweise träges Wirtschaftssystem umstellen – und es mussten die ungeheuren Ausgaben für die Entwicklung und Herstellung neuer Waffen gebremst werden. Gorbatschow machte dem Westen geradezu revolutionäre Abrüstungsangebote, um endlich aus dem Rüstungswettlauf auszusteigen: Er schlug sogar vor, bis zum Jahr 2000 alle Atomwaffen abzuschaffen.

Weil die Menschen ein Ende des Kalten Krieges herbeisehnten, führte schließlich kein Weg an der von Gorbatschow vorangetriebenen Abrüstung vorbei. Der von ihm gewünschte „Bau eines neuen europäischen Hauses" führte 1987 dazu, dass mit dem Abbau aller Mittelstreckenwaffen für Europa die größte tödliche Bedrohung verschwand. Obwohl sich die Sow-

Vernichtung von sowjetischen Raketen, 1989

jetunion wegen ihrer schwachen Verhandlungsposition von den USA schwerwiegende Änderungen in ihrem System abkaufen lassen musste, sorgte Gorbatschow mit seinem Programm entscheidend dafür, endlich das Wettrüsten der beiden Supermächte zu stoppen.

Der Umbau der Sowjetunion, wie ihn Gorbatschow betrieb, konnte nur gelingen, wenn es insgesamt mehr Freiheit für die Menschen gab, die bis dahin scharfer Kontrolle durch den Staat unterworfen waren. Nur war die Sowjetunion ein Vielvölkerstaat, der zusammenbrechen musste, als einzelne Republiken der UdSSR die Freiheit nutzten und ihre Unabhängigkeit forderten.

Das führte schließlich zum Zusammenbruch des gesamten „Ostblocks". Weil auch die sogenannte Breschnew-Doktrin abgeschafft wurde, die es keinem osteuropäischen Land erlaubte, vom „real existierenden Sozialismus" abzuweichen, lösten sich fast alle diese Länder von der Sowjetunion und setzten auf politische und wirtschaftliche Freiheit; so kam es zur deutschen Wiedervereinigung, mit der Auflösung der Sowjetunion aber auch zu Gorbatschows Sturz.

Michail Gorbatschow hat entscheidend dazu beigetragen, die Weltpolitik im ausgehenden 20. Jahrhundert ganz neu zu ordnen und zunächst auch friedlicher zu machen. Dafür aber hat er den Bestand der Sowjetunion aufs Spiel gesetzt. Deswegen werfen ihm die Menschen seiner Heimat den Ausverkauf seines Landes vor, während er in der Welt als herausragender Friedenspolitiker angesehen ist, der den Kalten Krieg beendet hat. 1990 wurde er mit dem Friedensnobelpreis geehrt.

Zusammen ist man stark: Nelson Mandela

Kühl könnte es sein, auch richtig kalt, jetzt im Juni, mitten im Winter in Südafrika. Manchmal zieht dann eine Regenfront vom Meer auf Kapstadt zu und erinnert daran, dass man in Richtung Süden als Nächstes auf die Antarktis trifft. In Richtung Nordwest trifft man dagegen auf eine kleine Insel, nicht einmal fünf Kilometer lang, genannt Robben Island.

Vielleicht könnte es nett sein, auf dieser Insel zu leben, weil ihr das Meer ein angenehmes, gemäßigtes Klima verschafft. Sowieso wäre es eigentlich ein schöner Tag, was jedenfalls das Wetter angeht: Die Sonne scheint und nur eine schwache Brise weht aufs Land. Doch das scheint an diesem Tag nur einem zu helfen, dem Piloten einer Passagiermaschine, dem es als erstem gelingt, ein so großes Flugzeug auf der Insel zu landen. Die Gefangenen aber, die gefesselt und schwer bewacht im Bauch dieser Maschine hocken, wissen, diese Insel wird für sie vielleicht die Hölle bedeuten. Mit sechs anderen Verurteilten wird Nelson Mandela von Bord getrieben. Keine Sekunde lassen die vielen weißen Polizisten die Verurteilten aus den Augen.

Am Tag vorher, am 12. Juni 1964, sind sie in dem Prozess von Rivonia zu lebenslanger Haft verurteilt worden. Mandela klingt noch in den Ohren, wie die Zuschauer nach der Verurteilung Freiheitslieder sangen und sie damit auf ihrem schweren Weg begleiteten. Das Apartheid-Regime hat es zwar nicht gewagt, sie zum Tode zu verurteilen, aber es wird nun alles in die Wege leiten, um sie vergessen zu machen und lebendig auszulöschen.

Dazu soll Robben Island dienen. Nur Schwarze werden dorthin gebracht – ihren ebenfalls verurteilten weißen Mitstreiter Denis Goldberg hat man in ein anderes Gefängnis gesperrt. Die Apartheid macht auch vor der Unfreiheit nicht halt. Sogar im Gefängnis werden die Menschen je nach „Rasse" unterschiedlich behandelt, die Inder am besten, die Farbigen nicht so gut und am schlechtesten die Schwarzen.

Mandela weiß, wie er sich in Zukunft verhalten muss: Er darf keinen Gedanken an eine Flucht verschwenden, nicht im Traum. Das hat ihm noch im Gericht Walter Sisulu gesagt, der es wohl allen Mitstreitern sagte: Wahrscheinlich wartet das Regime nur auf einen Fluchtver-

such von uns. Wenn sie uns dann erschießen können, sind sie uns endgültig los und haben in der Öffentlichkeit eine ordentliche Rechtfertigung für unseren Tod.
Mandela bleibt nur, von der Hoffnung zu leben, dass in seinem Heimatland die Apartheid irgendwann besiegt sein wird. Erst dann kann er wieder frei sein. Doch noch für diese Hoffnung muss sich erst zeigen, ob das Regime einen bestimmten Fehler machen wird.
Auf Robben Island könnte es der schönste Tag sein, wenn man ihn als freier Bürger leben dürfte. Das Meer liegt da wie ein Spiegel, was kaum vorkommt, die Sonne scheint angenehm warm und in der Ferne ist deutlich der Tafelberg von Kapstadt zu erkennen.
„Dies ist die Insel. Hier werdet ihr sterben", sind die ersten Worte, die Mandela auf Robben Island hört. Er richtet sich zu seiner ganzen Größe auf und sagt innerlich zu dem weißen Polizisten, der ihn so empfängt: Nein! Ich werde nicht hinter Gittern sterben. Plötzlich weicht dieser Polizist seinem Blick aus.
Schon wird er wieder angetrieben. Von seinen Mitkämpfern getrennt wird er in eine neue Zelle gebracht, die anders ist als die vorige: enger, kahler, leerer. Der einzige Blick geht nun durch ein Fensterchen auf den Gefängnishof und sonst auf Wände, die offensichtlich so dick sind, dass eine Planierraupe sie nicht einreißen könnte. Mandela misst aus: Mit drei Schritten kann er die Zelle durchmessen. In der Breite kann er nicht ein-

mal die Arme ausstrecken. An der Decke brennt, von Draht umfasst, eine Glühbirne. Auf dem Boden liegen eine Strohmatte und eine Matratze. In der Ecke steht für die menschlichen Bedürfnisse ein Eimer. Es gibt keinen Tisch und keinen Stuhl, kein Buch, kein Stück Papier, keinen Stift. Vor der Zelle patrouillieren weiße Wärter, die sich auf Afrikaans unterhalten, der unverständlichen Sprache der Buren. Die Isolation ist komplett.
Mandela presst die Fäuste an den Kopf. Er hört das Rauschen des Meeres, die Schritte der Aufseher, manchmal Rufe der Gefangenen und starrt immer nur neben die ewig brennende Glühbirne. Er verlebt die schlimmste Nacht seines Lebens.
Doch schon am nächsten Morgen lebt er neu auf. Schon an diesem ersten Morgen, nur wenige Stunden, nachdem der Wärter um halb sechs gerufen hat, „Wacht auf! Steht auf!" weiß er: Das System hat den einen Fehler gemacht. Denn er wird nach dem, was ein Frühstück sein soll, einem Brei aus Mais mit einem halben Löffel Zucker, zum Appell gerufen. Einmal Appell bedeutet immer Appell! Mandela sieht die Erleichterung auch in den Augen seiner Mitstreiter, mit denen er nicht sprechen darf. Er weiß, dass sie dasselbe denken wie er: Sie werden nicht in Isolation gehalten, jedenfalls nicht tagsüber! Die weißen Rassisten wollen sie zwar auf Robben Island sterben lassen, aber zusammen. Und das ist der Fehler. Zusammen ist man stark.

Mandela drückt den Rücken durch, als ein weißer Aufseher verkündet, wie sie sich zukünftig zu verhalten haben, dass ihnen eigentlich nichts erlaubt ist, kein Buch, kein Radio, Besuch nur alle sechs Monate, auch alle sechs Monate nur das Schreiben und Empfangen eines Briefes, sonst jeden Tag Arbeit im Kalksteinbruch.
Der Aufseher würde nie verstehen, warum nach diesem Appell auch er dem Blick Nelson Mandelas ausweichen muss.

Mandela am Tag seiner Entlassung mit seiner Frau Winnie, von der er sich nur wenig später trennte

Es war einer der unvergesslichen Momente in der Geschichte, als die Fernsehkameras zeigten, wie am 11. Februar 1990 Nelson Mandela in die Freiheit entlassen wurde. Keiner wusste, wie er nach all der Zeit aussah. Und da war er plötzlich zu sehen, ein stattlicher, großer, schlanker Mann mit grauen Haaren, der triumphierend sachte voranschritt und immer wieder mit geballter Faust grüßte. Es hätte kein klareres Symbol dafür geben können, dass von diesem Tag an die Apartheid in Südafrika beendet sein würde. Dieses System, die absolute Herrschaft der Weißen über alle, die keine weiße Hautfarbe hatten, war zu einer unglaublichen Perfektion entwickelt worden: Die Schwarzen durften nur in den Gebieten wohnen, die ihnen zugewiesen waren, den *homelands,* und sie durften den großen Rest des Landes nur mit Genehmigung betreten, eigentlich nur, um zu arbeiten. Die Schwarzen wurden völlig von den Weißen abgetrennt *(apart* = getrennt), wobei sich die Weißen alle Schätze des Landes sicherten. Sie machten die Politik und die Gesetze, sie bestimmten über die Kultur und auch die Geschichte, in der die Schwarzen nur als Wilde vorkamen. Sogar der Strand am Meer war in „Weiß" und „Schwarz" aufgeteilt.

Zwar hatten die Weißen in Südafrika schon zuvor den Schwarzen keine Rechte zugestanden und sie als Menschen zweiter Klasse behandelt, aber ab dem Jahr 1948 machten sie sich daran, die Apartheid offiziell vollständig durchzusetzen. Mithilfe des „Afrikanischen Nationalkongresses" wehrten sich die Nichtweißen dagegen. Zu ihnen gehörten nicht nur die Schwarzafrikaner, sondern auch die Inder im Land und die vielen „Farbigen", die Nachkommen der von den weißen Herren mit einheimischen Frauen gezeugten Kinder – und tatsächlich unterstützten auch einige Weiße den Protest. Die Politik dieser Partei, des ANC, bestand am Anfang darin, sich in der Tradition Gandhis friedlich gegen die Zwangsmaßnahmen der weißen Herrschaft zu wehren.

Doch dann kam es 1960 zum Massaker von Sharpeville: Weiße Polizisten verursachten ein Blutbad, als sie in eine Menge schwarzer Demonstranten feuerten und 69 der friedlich protestierenden Menschen erschossen, darunter Frauen und Kinder, die meisten davon in den Rücken. Daraufhin gab der ANC seine Politik der Gewaltlosigkeit auf und begann einen Untergrundkrieg gegen das Apartheid-Regime. Dieser sollte sich allerdings auf Sabotageakte beschränken. Angeführt wurde er von Nelson Mandela.

Mandela kam am 18. Juli 1918 als Sohn einer Königsfamilie zur Welt. Er wuchs recht unbeschwert auf dem Land auf, bekam auch eine gute Schulausbildung, ehe er in die Stadt floh, weil er nicht gegen seinen Willen verheiratet werden wollte. Dort in Johannisburg war er massiv mit den diskriminierenden „Rasse"-Gesetzen konfrontiert. Mandela entschied sich früh, Rechtsanwalt zu werden, und er lernte im Studium schließlich viele der Bürgerrechtler kennen, mit denen er gegen die Apartheid kämpfte, zunächst auf legalem Weg. Er war mit seinem Mitstreiter Oliver Tambo der erste schwarze Anwalt Südafrikas mit einer eigenen Kanzlei.

In den drei Jahren nach Sharpeville gelang es dem Regime, fast die gesamte Führung des ANC festzunehmen, 1962 auch Mandela, als er, verkleidet als Chauffeur eines weißen Freundes, in eine Straßensperre geriet. Als im monatelangen Prozess von Rivonia alle einflussreichen Mitglieder zu lebenslanger Haft verurteilt wurden, war es um den ANC schlecht bestellt. Mit Unterstützung des Westens, der insgeheim mit Südafrika gegen den „Kommunismus" zusammenarbeitete, baute das Apartheid-Regime seine Macht weiter aus.

So dauerte es 27 Jahre, ehe Mandela wieder das Licht der Freiheit erblickte: Der weiße Polizeistaat hatte zu diesem Zeitpunkt seinen Rückhalt in der Welt verloren. Die Ursache für das Ende der Apartheid lag vor allem im Ende des Kalten Krieges. Schon zuvor war die Herrschaft der Weißen in Südafrika immer schwieriger geworden, weil das Unrecht der Apartheid zum Himmel schrie und immer mehr Staaten das Land politisch und auch

Treppe nur für Weiße in Südafrika

wirtschaftlich isolierten und die Trennung der Gesellschaft in „Rassen" gegen den Widerstand der Bevölkerungsmehrheit immer komplizierter und teurer wurde. Aber erst als sich die Sowjetunion mit ihrer Form des Sozialismus auflöste, ließen auch die westlichen Staaten ihre Unterstützung des Apartheid-Regimes fallen. Erst als Südafrika seine Bedeutung im Kampf gegen den „Kommunismus" verloren hatte, konnten die Menschen des Landes endlich frei sein.

Aus der Haft kam im Jahr 1990 ein besonnener, gütiger Politiker, der schon durch sein Auftreten keinen Zweifel daran ließ, wer Südafrika zukünftig leiten würde. Als Präsident führte der Friedensnobelpreisträger von 1993 sein Land in eine neue Zukunft. Dabei zeigte er ein so großes Herz, dass er eine Rache an den weißen Rassisten ausschloss und ihnen die Hand zum Frieden reichte. Er hielt an der Freiheits-Charta seiner Partei fest, „dass Südafrika all denen gehört, die darin leben, ob Schwarz oder Weiß". Nelson Mandela ist und bleibt das Symbol für das moderne Südafrika.

Erzwungene Flucht:
Tenzin Gyatso

Tenzin Gyatso schweigt und denkt nach. Er kann nicht ganz verstehen, was wirklich vor sich geht. Aber vielleicht kann er wenigstens Ruhe ausstrahlen an diesem 17. März 1959. Immerhin ist er der geistige Führer seines Volkes, der Dalai Lama, nach dem sich alle richten. Doch die Lage sieht seit Tagen nicht mehr nach Ruhe aus. Vor dem Norbulingka, seinem Sommerpalast bei Lhasa, haben sich Tausende Tibeter versammelt, um ihr Oberhaupt zu schützen.
Der Brigadier Fu hat den Dalai Lama in das Hauptquartier der chinesischen Volksbefreiungsarmee eingeladen. Es gebe dort eine Theatervorstellung. Nur solle der Dalai Lama allein kommen, ohne seine fünfundzwanzig persönlichen Diener, die immer um ihn sind.
Tenzin Gyatso ist nicht gegangen. Stattdessen hat sich sein Volk zu ihm auf den Weg gemacht, um den Chinesen zu zeigen, dass sie ihr Oberhaupt unter allen Umständen schützen werden. Denn wie lässt sich eine solche Einladung anders verstehen, als dass der Dalai Lama

von den Chinesen gefangen gesetzt werden soll, zumal diese die Stadt mittlerweile mit Geschützen umstellt haben?

Tenzin Gyatso zwängt sich mit ungeschickten Bewegungen in die Soldatenuniform, die ihm seine Diener hinhalten. Sie senken die Blicke, wie sie das gewohnt sind, wenn sie sich dem Dalai Lama nähern. Deswegen dauert alles noch viel länger. Es ist aber keine Zeit mehr zu verlieren.

Sie haben mit der Flucht lange genug gewartet. Das sagt der Befehlshaber der tibetischen Rebellenarmee in Lhasa immer wieder. Er scheut sich überhaupt nicht, dem Dalai Lama beim Sprechen in die Augen zu sehen, was eigentlich niemand darf. Überzeugend wirkt er und fast magisch, weil er immer die neusten Informationen parat hat. Er verfügt über Geräte, mit denen er sogar mit Menschen sprechen kann, die weit entfernt sind.

Dieser Befehlshaber schildert dem Dalai Lama wieder die Lage: Inzwischen beziehen die Chinesen mit schweren Waffen auch Stellung um den gewaltigen Bau des Norbulingka, der wie ein Berg aus der Landschaft aufragt. Die Rebellen haben zwar auch ihre Waffen einsatzbereit gemacht, nur verfügen die Chinesen über wirklich große Geschütze. Der Palast liegt genau in ihrem Zielfeuer. Daher muss sich der Dalai Lama nun in Sicherheit bringen, und die kann bloß im Ausland liegen.

Wie kann aber die wichtigste Person in Tibet unerkannt

aus der Hauptstadt entkommen? Dazu gehört eine so geniale Planung, dass sie nur ein Militärchef leisten kann. Tenzin Gyatso bleibt nur zu tun, was ihm gesagt wird. Und wenigstens will er Ruhe ausstrahlen. Hunderte seiner Diener erwarten ihn bereits auf Wegen in den umliegenden Bergen.

Endlich schließt ein Diener die letzte Schnalle der Lederrüstung, wie sie die Soldaten der Rebellen tragen. Tenzin Gyatso stöhnt kurz auf und der Diener wirft sich vor ihm auf den Boden.

Plötzlich stellt sich der Befehlshaber der Rebellen noch einmal vor seine Leute und die Diener des Dalai Lama. Geradezu ungebührlich laut sagt er, alle sollten nun so tun, als ob sie einen normalen Sterblichen begleiten, nicht den Dalai Lama, damit sich seine Heiligkeit unter das Volk und die Rebellen mischen könne, ohne aufzufallen. „Habt ihr verstanden?", ruft er noch ausdrücklich und alle schauen zu Boden, als würden ihre Blicke von dort angezogen.

Als die Truppe den Raum verlässt, stellt sich der Befehlshaber vier Dienern in den Weg, die den Dalai Lama die Treppen hinuntertragen wollen. „Seine Heiligkeit muss allein gehen!", herrscht er sie an.

Er ruft drei Soldaten zu sich und stellt sie neben den Dalai Lama. Die Diener weichen erschrocken zurück. Sie murmeln verstört, als der Befehlshaber schließlich den Dalai Lama unter dem Arm fasst und mit ihm ins Freie geht. Dort schließen sich sofort seine Soldaten an. Wie auf ein geheimes Zeichen gibt die wartende Menge vor dem Palast in der kalten Nacht eine Gasse frei. Alle neigen den Kopf. Die Flucht läuft ab wie ein aufgezogenes Uhrwerk. Noch eine Weile geht es durch die dunkle Stadt, in der beinahe nur das Schlurfen Hunderter Füße zu hören ist. Hin und wieder klingt ein Stöhnen oder ein klagender Laut durch die Nacht. Viele Bewohner sind noch immer nicht in ihren Häusern und laufen verstört umher. Sie wissen nicht, was vor sich geht.

Tenzin Gyatso bemüht sich vorwärtszukommen. Er ist kaum einmal so schnell zu Fuß unterwegs gewesen. Er kennt keine Eile in seinem Leben. Endlich erreichen sie die Pferde, die gesattelt in einem Hof stehen und frieren.

Wieder verzögert sich die Flucht, weil alle Diener darauf warten, dass der Dalai Lama zuerst sein Pferd besteigt. Er ist nun ziemlich verstört, weil plötzlich ein solcher Einsatz von ihm erwartet wird. Wie hat er mit sich gerungen, sein Volk, seine Residenz und sein bisheriges Leben zu verlassen! Doch am Ende konnte er sich nicht anders als für die Flucht entscheiden. Auch seine Mutter und seine ältere Schwester sind schon geflohen.

Auf dem Weg hinaus aus der Stadt dreht er sich immer wieder auf dem dampfenden Pferd um. Es hieß, er könne wohl bald zurückkehren. Aber unter den gegenwärtigen Umständen sei sein Leben in höchster Gefahr. Ganz versteht Tenzin Gyatso nicht: Eigentlich müsste zu sehen sein, wie sich ihr Zug aus der Stadt fortbewegt. Noch jeder Späher könnte in der klaren kalten Nacht von Weitem ihren Zug sehen. Eigentlich müssten sie befürchten, dass die Chinesen sie verfolgen oder einen Hinterhalt legen.

Doch der Befehlshaber der Rebellen spricht immer wieder davon, dass seiner Heiligkeit nichts geschehen könne. Er lässt ihn sogar immer wieder absteigen, damit er sich erholen oder auch nur erleichtern kann. Das hält den Zug jedes Mal ziemlich auf, weil die Diener nicht

Die Flucht des Dalai Lama

anders können, als ebenfalls abzusteigen, wenn ihr verehrtes Oberhaupt dies tut.

Als sie die wenigen fahlen Lichter der Stadt nur noch aus weiter Ferne sehen, ist plötzlich Geschützfeuer zu hören. Wieder hält Tenzin Gyatso an, um sich umzuwenden. Und er hört, wie plötzlich der Befehlshaber der Rebellen zu einem Hauptmann sagt: „Beginnt der Kampf jetzt schon?" Tenzin Gyatso wundert sich über diese Worte. Beginnt der Kampf um seine Heimat mit seiner Flucht, fragt er sich. Aber ist die nicht ein geheimes Unternehmen? Er schweigt weiter.

„Wir müssen vorwärts, Eure Heiligkeit", hört er wieder und der Befehlshaber selbst nimmt die Zügel seines Pferdes und reitet voran. Tenzin Gyatso leidet. Bald hat er keine Zeit mehr, sich Fragen zu stellen. Es geht für ihn nur noch darum, die Strapazen der Flucht zu überleben. Nach zehn Tagen kommt der Tross mit dem fiebernden Dalai Lama in Indien an. Sie werden schon erwartet. Bis zum Schluss ist alles bestens vorbereitet. Tenzin Gyatso schweigt. Zu seiner erzwungenen Flucht schweigt er bis heute.

Bis heute ist es eine schwierige Frage, was genau sich im Jahr 1959 in Tibet abspielte. Sie wird so oder so beantwortet, je nachdem, aus welcher Sicht man auf das Land schaut. Auf jeden Fall begann mit der Flucht des 14. Dalai Lama im März 1959 in Tibet ein Krieg, den die Chinesen gewannen und dazu nutzten, das hochgelegene riesige Land im Himalaja vollends zu besetzen und zu unterdrücken, was zur Tötung Zehntausender Menschen und der Zerstörung der meisten Klöster des Landes führte.

Von chinesischer Seite heißt es dazu, die Tibeter hätten einen Untergrundkrieg gegen ihre Armee begonnen. Von tibetischer Seite heißt es, die Chinesen hätten das Land mit Militärgewalt unterworfen und seine Menschen und seine Kultur unterdrückt. Was dabei die Flucht des Dalai Lama veranlasste, ist eine noch viel schwierige Frage, denn an seiner Flucht hätten beide Seiten ein Interesse haben müssen: Die Chinesen, um nicht in die Lage zu kommen, den Dalai Lama gefangen nehmen oder töten zu müssen, die Tibeter, um unter der militärischen Führung der Rebellen ihren Befreiungskrieg gegen die chinesische Armee fortsetzen zu können.

„Dalai Lama" ist wie „Papst" nur ein Titel und bedeutet „ozeangleicher Lehrer". Der Dalai Lama ist nach dem Glauben des Buddhismus dem Kreislauf der Wiedergeburten bereits entronnen und nur deswegen wieder als Mensch erschienen, um anderen zu helfen. Heutzutage ist damit ebenjener Tenzin Gyatso gemeint, der 1959 aus seinem Heimatland floh. Er wurde am 6. Juli 1935 unter dem Namen Lhamo Dhondrub geboren und als kleines Kind unter seinem neuen Namen Tenzin Gyatso zum Dalai Lama bestimmt. Nach der Tradition erkannten ihn bedeutende Mönche anhand bestimmter Zeichen als Wiedergeburt des verstorbenen 13. Dalai Lama.

Tenzin Gyatso hätte wohl lebenslang sein Land Tibet in der althergebrachten Weise geführt, das eine Diktatur von Mönchen war. Er selbst hatte sogar Sklaven als persönliche Diener. Mitte des 20. Jahrhunderts befand sich das von der Welt abgeschiedene Tibet in einem mittelalterlichen Zustand. Seit Jahrhunderten hatte sich dort nichts geändert. Die Mehrheit der Bevölkerung hatte keine Rechte. Es herrschte Leibeigenschaft und tatsächlich noch Sklaverei. Viele Menschen hungerten und mussten mangels medizinischer Hilfe an den einfachsten Krankheiten sterben. Dabei drohten ihnen für jede Form des Widerstands grausame Strafen. In jedem Kloster wurde gefoltert. Die Lebenserwartung betrug im Schnitt 35 Jahre.

Die Rolle jedes einzelnen Menschen war durch den Buddhismus festgelegt: Demnach hatte derjenige, der Diener war, in seinen früheren Leben noch keine höhere Stufe erreicht. Denn die Botschaft des Buddhismus lautet, dass der Mensch wiedergeboren wird, und zwar immer wieder, wobei das Leben Leiden ist, hervorgerufen durch Begierden. Die gilt es zu überwinden, um so dem Kreislauf der Wiedergeburten zu entkommen und hoffentlich das Nirwana zu erreichen, den Ort des dauerhaften Glücks oder schlicht der völligen Leere. Dazu ist es nötig, in jedem neuen Leben auf eine höhere Ebene zu gelangen, also eine bessere gesellschaftliche Stellung zu erreichen, was durch gute Taten, durch Meditation oder das Lesen heiliger Texte gelingen kann.

1950 eroberte die chinesische Armee das Land, das sich erst 1913 für unabhängig erklärt hatte, nachdem es trotz seiner Abgeschiedenheit jahrhundertelang ein Teil Chinas gewesen war. Aus chinesischer Sicht war die Besetzung daher rechtens – aus der Sicht vieler Tibeter und auch aus der vieler anderer Staaten war sie dagegen ein Verstoß gegen das Selbstbestimmungsrecht der Völker. Zunächst beließ die chinesische Führung unter Mao Zedong dem Land die Selbstverwaltung, eingeschlossen die Wahrung der Besitzverhältnisse, wonach im Land fast alles den Klöstern gehörte, obwohl diese Verhältnisse nicht den kommunistischen Überzeugungen Chinas entsprachen. Tenzin Gyatso wurde sogar zum Vizepräsidenten des chinesischen Parlaments bestimmt.

Dennoch regte sich Ende der 50er-Jahre in der Bevölkerung Widerstand gegen die fremde Besatzung. Es kam zu gewaltsamen Aufständen gegen das chinesische Regime, die sich immer mehr steigerten und schließlich den Dalai Lama zur Flucht bewogen. Die Ereignisse rund um jene Tage sind als Tibetaufstand in die Geschichte eingegangen. Die Anzahl der Todesopfer während der Kämpfe wird auf über 80.000 geschätzt, der Norbulingka und mehrere Klöster wurden bombardiert.

Mit der Flucht des Dalai Lama änderte sich die Situation: Die Chinesen unterdrückten die tibetische Unabhängigkeitsbewegung rigoros und gingen dann gemäß ihrem Glauben an einen Kommunismus, der bald die Abkehr von aller überliefer-

Ein chinesischer Funktionär verliest vor dem Palast des Dalai Lama eine Proklamation aus Peking, 1959.

ten Kultur bedeuten sollte, radikal gegen die tibetischen Mönche vor. Wie im gesamten China litt auch die Bevölkerung Tibets unter der gesamten wirtschaftlichen und kulturellen Umgestaltung des Landes, als vor allem während der „Kulturrevolution" von etwa 1966 bis 1976 die Menschen umerzogen werden sollten: Alle Traditionen und überlieferten Kulturformen sollten zerstört werden. In Tibet blieb kaum eines der vielen Klöster erhalten und Tausende Menschen wurden eingesperrt oder sogar umgebracht.

Tenzin Gyatso ließ sich nach seiner Flucht aus Tibet im benachbarten Indien im Süden des Himalaja nieder. Bis heute residiert er in der Stadt Dharmshala. Von dort unterstützte er zunächst den gewaltsamen Widerstand seiner Landsleute, mit Rückendeckung der USA, die an vorderster Front gegen den Kommunismus kämpften. Doch angesichts dieses aussichtslosen Kampfes, in dem weitere Tausende ihr Leben und Zehntausende ihre Heimat verloren, setzte Tenzin Gyatso zur Befreiung seines Landes schließlich auf die Gewaltlosigkeit, obwohl dies seine Landsleute bis heute nicht immer befolgen wollen. Dafür ist er in der Welt bekannt: Längst hat er – vor allem in der westlichen Welt – einen Nimbus, der ihn in den Augen vieler seiner Anhänger Mohandas Karamchand Gandhi gleichwertig macht. Als ein bedeutendes buddhistisches Oberhaupt predigt er unermüdlich für das friedliche Miteinander der Menschen in der ganzen Welt. 1989 erhielt er den Friedensnobelpreis.

Tibet ist weiterhin Teil des chinesischen Reiches, das es, je nach Sichtweise, wirtschaftlich entwickelt oder ausbeutet. Es kommt immer wieder zu Aufständen, zuletzt im Jahr 2008, als die Olympischen Spiele in Peking ausgetragen wurden. Unabhängigkeitskämpfer sahen ihre Chance, die Welt auf Tibets Lage aufmerksam zu machen und die Menschenrechtsverletzungen und die Unterdrückung der traditionellen Kultur zu thematisieren, die im heutigen China, und damit auch in Tibet, noch immer an der Tagesordnung sind. Und immer wieder wird von den Exil-Tibetern die Frage diskutiert, ob es richtig war, gegen die chinesische Regierung gewaltlos vorzugehen.

Ob Tenzin Gyatso selbst je wieder nach Tibet zurückkehren wird, ist ungewiss. Für den chinesischen Staat steht er für ein „freies Tibet", das nicht erwünscht ist. Außerdem hat das mächtige Land die Beherrschung durch den europäischen Kolonialismus nicht vergessen und wehrt sich entschieden gegen die Einmischung des Westens in seine Politik. So ist es auch fraglich, ob die besondere Form des tibetischen Buddhismus weiter bestehen wird. Immerhin muss nach dem Tod von Tenzin Gyatso abermals ein Dalai Lama in Tibet gefunden werden – es ist fraglich, ob dies unter den Umständen überhaupt gelingen kann.

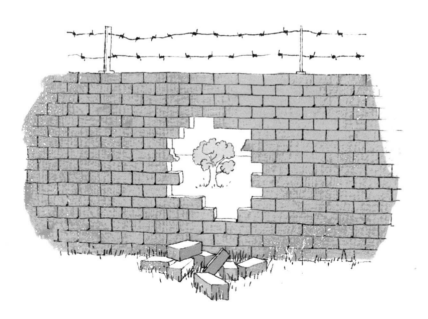

Nur ein kleines bisschen Geld: Muhammad Yunus

Muhammad Yunus ist noch nicht lange in dem Dorf Jobra. Es kommt ihm vor, als müsste er das Leben neu lernen. Besonders schwer fällt es ihm, das zu tun, was jeder Mensch tun muss. Er kann deswegen kaum den Morgen genießen, wo doch die Luft so gut riecht, die Vögel übermütig zwitschern, die Sonne die Kühle der Nacht vertreibt.

Einmal hat sich Yunus abseits ein Loch gegraben, wie es so viele tun, die es ekelt, die dafür vorgesehenen Orte zu benutzen. Es sind auch nur Löcher im Boden, allerdings sehr große, die zugeschüttet werden, wenn sie voll sind. Aber Yunus weiß, es ist noch viel gefährlicher, wenn jeder dort macht, wo er will. So werden belastende Keime überall in den Boden gebracht.

Das wäre eigentlich schon mal ein Punkt, wo man ansetzen müsste, das Leben der einfachen Menschen zu verbessern: ordentliche Toiletten bauen. Dabei will Yunus nicht als Schulmeister auftreten. Das war er die ganzen letzten Jahre. Er will noch einmal völlig neu lernen, nämlich wie das Leben der armen Leute funktioniert – die er vor zwei Jahren sterben sah, direkt vor seiner Universität.

Es war 1974, als sein Land Bangladesch von einer verheerenden Hungersnot heimgesucht wurde. Nach schweren Überschwemmungen verloren Zehntausende Landarbeiter ihre Arbeit, die bald kein Geld mehr hatten, um sich und ihre Familien zu ernähren. So breitete sich der Hunger wie die Pest über das ganze Land aus. Yunus kann die Bilder nicht vergessen von den armen Leuten, die auf den Bürgersteigen lagen und nicht mehr die Kraft hatten aufzustehen. Wie man Mühe hatte zu erkennen, ob die Mutter und das Kind, die hingestreckt auf dem Boden lagen, noch lebten oder sich bereits im Jenseits befanden.

Ohne Nahrung verläuft das Sterben wie in Zeitlupe. Während er als angesehener Professor in seinem klimatisierten Büro saß und verschiedene Wirtschaftsmodelle durchrechnete, fehlte den Menschen nur eine Handvoll Reis zum Überleben. Und dabei gab es genug Reis, nur hatten die Leute kein Geld, um ihn zu kaufen! Danach hat er seine Karriere beendet und ist aufs Dorf gegangen.

Yunus will lernen und verstehen. Dabei fällt es ihm in Jobra so schwer, nicht überall die Unzulänglichkeiten zu sehen, die Rückständigkeit, die vielen fehlerhaften

Strukturen. Wenn nicht einmal die Toiletten ausreichend sind! Es gibt keinen Strom und kein fließendes Wasser, kaum ein Kind geht richtig zur Schule, bei der Heirat wird eine Mitgift verlangt, die viele Familien ruiniert, schon Kinder werden verheiratet, Frauen werden versteckt, geschlagen und abschätzig behandelt.

An diesem Morgen sieht sich Yunus einmal wieder im Dorf um. Er weiß, er muss erst das Vertrauen der Menschen gewinnen. Noch immer versteht er nicht, wie die meisten ihren Lebensunterhalt bestreiten. Hingerissen schaut er zu, wie ein Mann Regenschirme repariert, Teile des Gestells austauscht oder den gerissenen Stoff näht. Ein anderer schlägt Leder über einen Leisten und fertigt Schuhe an, unter die er das Gummi von alten Autoreifen nagelt. Wieder ein anderer zieht über heißem Dampf Kerzen, die abends in den dunklen Hütten Licht spenden. Sie alle arbeiten den ganzen Tag und sind doch offensichtlich arm. Yunus versteht noch nicht. Und keiner der vielen Leute will einmal ausführlich mit ihm sprechen, wie es genau funktioniert, dass sie jeden Tag zu ihrem Geld kommen.

Er geht weiter und hört hinter einem Vorhang eine Frau leise singen. Schemenhaft kann er erkennen, dass auch sie an etwas arbeitet. Als gute Muslimin zeigt sie sich nicht in der Öffentlichkeit. Yunus hasst die Tradition, die Frauen in solch eine Rolle zwingt. Aber plötzlich spürt er, es könnte auch eine Chance für ihn sein.

Vorsichtig spricht Yunus die Frau durch den Vorhang an. Er fragt, ob sie wisse, wer er ist. Doch, antwortet sie, das wissen im Dorf längst alle. Yunus fragt vorsichtig weiter, was sie denn gerade mache und ob sie arbeite. Die junge Frau erklärt ihm, dass sie den Bambus verarbeitet, der vor dem Haus liegt. Sie baut daraus Hocker.
Yunus fragt: „Wie beschaffen Sie sich den Bambus eigentlich?"
„Ich kaufe ihn", sagt die Frau.
„Darf ich fragen, wie viel Sie dafür bezahlen?", fragt er weiter.
„Fünf Taka."
„Das ist nicht wenig Geld", sagt Yunus.
„Es ist nicht meins", antwortet die Frau.
Yunus spürt, dass der Vorhang vielleicht gerade dazu dient, unbefangen über alle Einzelheiten zu sprechen.
„Woher bekommen Sie das Geld?", fragt er weiter.
„Von einem Zwischenhändler. Der leiht es mir. Davon kann ich den Bambus kaufen. Am Ende des Tages verkaufe ich dem Zwischenhändler die Hocker, die ich gebaut habe, und zahle damit das geliehene Geld zurück. Was übrig bleibt, ist für mich."
„Wie viel bekommen Sie für die Hocker?", fragt Yunus.
„Fünf Taka und 50 Poisha."
Yunus stutzt. Die Frau verdient also nur 50 Poisha am Tag, Geld, das kaum zum Leben reicht.
„Aber können Sie das Geld nicht woanders leihen und

den Bambus selbst kaufen?", fragt er und gibt sich Mühe, seine Empörung zu verbergen.

Die Frau lacht. „Schon, ich könnte zu einem Geldverleiher gehen, wie das viele machen. Aber dann würde ich noch weniger verdienen. Die Geldverleiher verlangen zehn Prozent Zinsen in der Woche, manche sogar am Tag."

Yunus fragt die Frau noch viel, die er gern auch gesehen hätte. Aber das lassen die Vorschriften nicht zu. Die haben in ihrer ganzen Rückständigkeit aber vielleicht dazu geführt, dass Yunus plötzlich verstanden hat: Die Leute in Jobra und damit in ganz Bangladesch können nie auf einen grünen Zweig kommen, wenn sie von Anfang an im Gefängnis der Zinsabhängigkeit stecken. Dabei brauchen sie nur einen kleinen Kredit, um auf eigene Kosten wirtschaften zu können. Es wäre nicht einmal ein kleiner Kredit, eher ein Kleinstkredit, nur ein kleines bisschen Geld.

An diesem Tag beginnt für Yunus ein neues Leben, vielleicht auch für die armen Menschen in Bangladesch, vielleicht für alle armen Menschen der Welt.

Muhammad Yunus kam als eines von vierzehn weiteren Kindern am 28. Juni 1940 in der Hafenstadt Chittagong im Süden des heutigen Staates Bangladesch zur Welt. Als Goldschmied konnte ihm sein Vater eine gute Schul- und auch Universitätsausbildung finanzieren, die den ehrgeizigen Sohn schließlich auch in die USA führte, wo er sein Studium als angesehener Wirtschaftswissenschaftler abschloss.

1972 kam er als Professor an die Universität seiner Heimatstadt Chittagong zurück und erlebte seine Heimat in einem gewaltigen Umbruch. In einem Bürgerkrieg erkämpfte sich das Land gegen das weit entfernt liegende, aber staatlich verbundene Pakistan die Unabhängigkeit. Im neu gegründeten Staat Bangladesch kam es nach dem erbitterten Krieg sogleich zu großen Überschwemmungskatastrophen, die das tief gelegene Land immer treffen können, wenn der Monsunregen oder das Schmelzwasser aus dem Himalaja oder beides zugleich zu intensiv sind oder gar noch vom Meer ein Zyklon heranrollt. Yunus erlebte die Hilflosigkeit der Bevölkerung und fing an, sich über die Gründe Gedanken zu machen.

Als er deswegen in das Dorf Jobra ging, erkannte er bald die eigentliche Ursache für die Armut in seiner Heimat: Millionen von Menschen mussten sich ständig neu verschulden und waren abhängig von Zwischenhändlern und Geldverleihern, bei denen sie sich ständig neu mit Wucherzinsen verschuldeten. Wer in der Woche 10 % Zins auf geliehenes Geld bezahlen muss, bezahlt für einen Kredit jährlich umgerechnet 14.200 % – unglaubliche Zustände im Vergleich zu Geschäften in der westlichen Welt. Dabei arbeiteten die Menschen hart, um sich und ihre Familie durchzubringen. Warum gaben ihnen also die Banken keinen Kredit? Die Antwort lautete wie überall: Weil sie keine Sicherheiten bieten können, etwa in Form eines Grundstücks, das sich die Bank, falls der Kredit nicht abbezahlt wird, aneignen kann. Oder es hieß schlicht: Arme könnten nicht mit Geld umgehen, sie könnten nicht haushalten, nicht sparen und überhaupt noch nicht einmal richtig rechnen.

Yunus dagegen vertraute den Fähigkeiten der einfachen Leute. Er sagte sich: Wer es schafft, mit ganz wenig Geld seine Familie zu ernähren, der hat mehr Vertrauen verdient als alle reichen Schuldner der Welt. Besonders setzte Yunus auf die unterdrückten Frauen, denn sie waren und sind es, die in den armen Teilen der Welt das Leben der Familie organisieren.

So gründete Yunus die Grameen-Bank, die sogenannte Kleinstkredite oder Mikrokredite ausgibt. Die Sicherheit dabei wird erreicht, indem immer mehrere Menschen voneinander abhängig gemacht werden: Kredite werden einer Gruppe von Leuten gegeben, und zwar nacheinander. Erst wenn in einer Gruppe von fünf Personen zwei den ihnen gewährten Kredit zurückbezahlt haben, bekommen die anderen drei auch einen. Auf diese Weise gelangen die armen Menschen zu einem kleinen bisschen Geld, das reicht, um sich davon ihre Arbeitsmaterialien und Rohstoffe zu kaufen.

Das System der Grameen-Bank hat großen Erfolg und findet überall neue Anhänger, das heißt Anhängerinnen, denn 97 % der Kreditnehmer in Bangladesch sind Frauen. Die Rückzahlung

Grameen-Bank-Kunden

der Kredite läuft so erfolgreich, dass fast überall 100 % erreicht werden. Wie es heißt, haben nach fünf Jahren drei von vier Kreditnehmern ihre unverschuldete Armut überwunden. Augenscheinlich führt das von Yunus entwickelte und bis heute immer weiter ausgebaute System zu einer besseren wirtschaftlichen und sozialen Entwicklung. Muhammad Yunus bekam dafür 2006 den Friedensnobelpreis.

Allerdings hat dieses System auch seine Kritiker, die sagen, die Kleinstkredite würden die Armut nur anders verteilen, ja, sie würden zu einer Ausbeutung der Armen durch die Armen führen. Angeblich gebe es selbst in den Dörfern, in denen die Kredite als erste vergeben wurden, keine Erhöhung des Lebensstandards. Auf lange Sicht würden sich die Menschen

immer noch weiter verschulden, und das auch untereinander. Heute gibt es eine Vielzahl von Einrichtungen, die im Sinne von Muhammad Yunus Kleinstkredite vergeben. Mittlerweile wird das Prinzip der Grameen-Bank in 60 Ländern der Welt angewandt. Bis zum Jahr 2015 sollen fast 200 Millionen Menschen Kleinstkredite erhalten, mehr als die Hälfte davon die Ärmsten, also solche, die von weniger als zwei Dollar am Tag leben. Das Ziel soll sein, „eine Welt ohne Armut zu schaffen", wie Yunus erklärt. In seinem Sinn soll das bis 2030 erreicht sein: „Nicht ein einziger Mensch auf unserem Planeten sollte dann mehr als arm bezeichnet werden können. Das Wort ‚Armut' würde dann keinerlei Bedeutung mehr besitzen."
Leider steigt die Zahl der Armen weltweit weiter an.

Eine andere Haltung: Jitzchak Rabin

Der Himmel strahlt blau über Washington, die amerikanische Hauptstadt leuchtet in warmen Farben. Was wäre gewesen, wenn es an diesem 13. September 1993 geregnet hätte? Die Veranstaltung hätte eng und gedrängt im Inneren des Weißen Hauses stattfinden müssen. So aber haben sich Hunderte geladener Gäste im Garten versammelt. Sie schauen sich an, plaudern miteinander oder führen in kleinen Gruppen politische Gespräche. Nur die Sicherheitsleute reden nicht und sehen niemanden an. Sie schauen sich ständig nach allen Seiten um. Alle warten auf etwas Einmaliges. Als Gäste des amerikanischen Präsidenten Bill Clinton sind die höchsten Vertreter Israels und der PLO geladen, der sogenannten Palästinensischen Befreiungsorganisation. Sie werden nun der Weltöffentlichkeit zeigen, dass Israelis und Palästinenser den Frieden wollen – ein explosiver

Vorgang, herbeigesehnt von den einen, verflucht von den anderen.

Ministerpräsident Jitzchak Rabin hat sich herausgenommen, vor dem Gang nach draußen noch eine Zigarette zu rauchen. Obwohl es ihm in der Lunge schmerzt, inhaliert er tief. Sein Blick geht zu Boden. Muss er diesem Arafat, der unzählige Terrorakte gegen den Staat Israel geleitet hat mit Hunderten von Toten, der Flugzeuge entführen ließ, Israelis zu Geiseln machte, der wie kaum ein zweiter Araber gegen die Juden und den Staat Israel hetzte – muss es dem gegenüber wirklich auch noch zur letzten unmissverständlichen Geste kommen? Clinton verlangt es von ihm, der ganze Vorgang verlangt es. Ist es nicht nur noch ein kleiner Schritt zum Frieden? Vor dem Weißen Haus steht sogar der Tisch bereit, auf dem 1978 der israelische Ministerpräsident Menachem Begin und Muhammad Anwar as-Sadat, der Präsident Ägyptens, den Frieden zwischen ihren Ländern besiegelten. Rabin raucht mit der linken Hand und klemmt sich die rechte unter die Achsel.

Er hat schon große Schritte vorwärts gemacht, die ihn viel Selbstüberwindung gekostet haben: Was ist dem Treffen in Washington nicht alles vorausgegangen! Wochenlang wurde heimlich verhandelt. Trotzdem blieb am Schluss die große Frage: Kommt er oder kommt er nicht? Lädt der amerikanische Präsident wirklich denjenigen Mann ein, den der eigene Geheimdienst noch bis vor Kurzem wahrscheinlich kaltgestellt hätte? Und nun wird der sogar, und das in seiner *Kufija,* vor dem Weißen Haus den feinen Damen der Gesellschaft die Hand geben!

„Let's go!", sagt endlich Bill Clinton und fordert Rabin mit Blicken auf, mit hinauszugehen. Alle anderen Delegierten stehen schon neben ihm, auch Arafat. Rabin schaut noch einmal auf seine Zigarette, die doch keinen Halt gibt. Mit verächtlicher Miene drückt er sie aus. Alles erscheint ihm unheimlich, kaum zu glauben. Aber er will diesen Weg gehen, er ist überzeugt davon, dass es keinen anderen gibt. Über Frieden verhandelt man mit seinen Feinden, nicht mit seinen Freunden. Als würden Fesseln von ihm abfallen, geht er los. Er sieht Arafat nicht an. Wenigstens so wird er Abstand bewahren und seine Haltung: Draußen, in der Öffentlichkeit des Gartens, wird er diesen Mann nun nicht mehr ansehen.

Beifall brandet auf, als sie alle in das helle Sonnenlicht treten, an das sich die Augen erst gewöhnen müssen. Bill Clinton geht zwischen den beiden Delegationen, neben sich Rabin und Arafat, als wären sie zwei streitende Schüler, die der Lehrer gerade voneinander getrennt hat. Arafat strahlt. Für ihn ist es einer der größten Augenblicke seines Lebens, vor den Augen der ganzen Welt neben dem Präsidenten der Vereinigten Staaten von Amerika zu stehen. Rabin versucht zu lächeln.

Clinton steht am Mikrofon und erklärt in bewegenden Worten das außerordentliche Ereignis: Beide Seiten erkennen sich gegenseitig an, wobei den Palästinensern in ihren Siedlungsgebieten die Selbstverwaltung gewährt werden soll. Wieder brandet Beifall auf, ehe es so weit ist: Clinton gibt Arafat die Hand, dann Rabin und dann – wendet sich Arafat selbst lachend Rabin zu und streckt ihm die Hand entgegen. Rabin errötet. Der Moment ist da und dauert an. Rabin spürt, wie ihn in seinem Rücken Clinton sacht auf Arafat zuschiebt. Wie instinktiv hält Rabin dagegen, ehe er plötzlich die Brust durchdrückt und den Kopf hebt. Frieden kann nur haben, wer daran glaubt. Er glaubt daran. Er will den Streit und alle Waffen begraben. Rabin schaut Arafat geradewegs in die Augen, als er dessen Hand ergreift. Zwar stellt er sich danach schnell wieder auf seinen Platz neben Clinton, aber in seinem Inneren spürt er plötzlich eine Zufriedenheit. Frieden verlangt eine andere Haltung. Er will nie wieder in die Zeit vor diesem Händedruck zurückfallen.

Jitzchak Rabin (1922–1995) war einer der bedeutendsten Politiker Israels, in dessen Leben sich die gesamte moderne Geschichte seines Heimatlandes spiegelt. Rabin kam in Jerusalem zur Welt und wuchs in einem Land auf, das zu jener Zeit als „Palästina" von Großbritannien verwaltet wurde. Ziel der britischen Verwaltung sollte es sein, die Schaffung eines jüdischen Staates zu ermöglichen, der den vielen drangsalierten Juden in Europa als neue Heimat dienen sollte. Das Problem war von Anfang an, dass in dem Gebiet Araber lebten, die durch die jüdische Einwanderung mehr und mehr unter Druck gerieten.
Konflikte und auch Kämpfe zwischen Arabern und Juden waren die Folge, aus denen sich die Briten nur schwer heraushalten konnten. In dieser Situation wuchs Rabin heran, der schon als junger Mann Schulbesuch und Militärdienst miteinander verband. Er gehörte der Hagana an, einer Untergrundorganisation, die den Schutz der jüdischen Siedler in Palästina auf ihre Fahnen schrieb.
Als in Europa 1945 der Zweite Weltkrieg endlich ausgestanden war, gelangten weitere Zehntausende der überlebenden Juden in ihr „Gelobtes Land". Angesichts des Holocaust, der Judenvernichtung durch die Nationalsozialisten, führte für die jüdischen Siedler kein Weg mehr daran vorbei, zu ihrem eigenen Schutz endlich einen neuen Staat Israel zu gründen und diesen mit allen Mitteln zu verteidigen, und das hieß mit Militärgewalt. Rabin wurde einer der Offiziere der israelischen Armee, deren Einsatz sofort nötig war. Unmittelbar nach der Staats-

gründung 1948 griffen alle benachbarten arabischen Staaten Israel an – das sich siegreich behaupten konnte.

Noch weitere drei Mal musste sich Israel in Kriegen gegen seine arabischen Nachbarn verteidigen, wobei Rabin wichtige militärische Positionen innehatte, erst als Ausbilder der Armee, dann sogar als ihr Leiter, als Generalstabschef: Im sogenannten Sechs-Tage-Krieg 1967, als die arabischen Staaten unter Führung Ägyptens planten, den jüdischen Staat Israel zu vernichten, war es Rabin, der sein Land nicht nur erfolgreich verteidigte, sondern es auch in den Grenzen des Alten Testaments sichern konnte. Doch damit begann auch die Besiedlung rein arabischer Gebiete, und zwar von religiös aufgeladenen jüdischen Siedlern – eine Entwicklung, die sich am Ende gegen Rabin selbst richtete, wie sein tragischer Tod zeigen sollte.

Rabin wechselte schließlich in die Politik und wurde 1974 für drei Jahre Israels Regierungschef. Danach wurde er Verteidigungsminister. Er war zu jener Zeit der wohl wichtigste Militärexperte Israels, der dem kleinen Land mit seinen damals drei Millionen Einwohnern die modernsten Waffensysteme der Welt verschaffte. Nach dem letzten Verteidigungskrieg Israels, dem Jom-Kippur-Krieg von 1974, begann sich endlich das Verhältnis zu den Nachbarstaaten zu entspannen: 1978 kam es zu einem Friedensvertrag mit Ägypten. Ein Grund dafür lag besonders in der außerordentlichen militärischen Stärke, die Israel bis dahin gewonnen hatte.

Trotzdem blieb als schwelender Konflikt das schwierige Verhältnis zur arabischen Bevölkerung des israelischen Staates

Das Palästinenserlager Nahr-el-Bared im Libanon

und seiner eroberten Gebiete. Eine Vielzahl dieser Palästinenser hatte der Gründung des jüdischen Staates Israel weichen müssen, doch diesen Menschen blieb die Gründung eines eigenen Staates versagt. So gibt es heute Palästinenser, die als Staatsbürger Israels einen recht hohen Lebensstandard genießen, solche, die in den angrenzenden Staaten in „Flüchtlingslagern" hausen, und solche, die im sogenannten Gazastreifen und den von Israel beherrschten Gebieten des Westjordanlandes (der Westbank) leben. Dort haben aber bis heute viele jüdische Siedler schon ganze Städte errichtet, die auch dieses Land als „Heiliges Land" für sich in Anspruch nehmen. Sie stehen der Gründung eines eigenen palästinensischen Staates tatsächlich im Weg.

So sind die Palästinenser bis heute Bittsteller geblieben, wobei sie angesichts ihrer Perspektivlosigkeit besonders leicht dem Terror verfallen. Noch als Verteidigungsminister ging Rabin hart gegen palästinensische Aufständische vor. Doch dann war er derjenige, der sein ganzes politisches Gewicht in die Waagschale warf, um dieses Problem zu lösen. Angesichts der *Intifada* von 1987 bis 1993, des ersten bewaffneten Aufstandes der Palästinenser, musste er erkennen, dass dieses Problem militärisch nicht zu lösen war.

1993 hat Rabin selbst bis zur letzten Minute gezögert, ob er in die USA fliegen würde, wo Bill Clinton das hohe Treffen zwischen Israelis und Palästinensern organisiert hatte. Seit Monaten hatte man vorher im Geheimen verhandelt. Keiner durfte davon wissen, dass Vertreter Israels heimlich mit Vertretern einer Organisation zusammentrafen, deren Programm es immer noch war, den jüdischen Staat von der Landkarte zu tilgen. Doch inzwischen hatte sich die Lage verändert. Einerseits brauchten die Palästinenser für ihre Zukunft eine Perspektive, sonst würden aus ihren Reihen immer noch mehr Terroristen herangezogen. Andererseits hatte die PLO unter der Leitung von Jassir Arafat (1929–2004) mit dem Ende der Sowjetunion an Rückhalt verloren und Israel hatte wenigstens mit Ägypten einen stabilen Frieden erreicht. Vor allem war der Staat Israel so stark geworden, dass er militärisch nicht mehr zu besiegen war. Die PLO musste seine Existenz anerkennen.

Gemeinsam mit Schimon Peres beschwor Rabin seine Landsleute, umzudenken und einen neuen Weg einzuschlagen. Ob-

Der Händedruck zwischen Rabin und Arafat, 1993

wohl er öffentlich sogar einmal verkündet hatte, nie mit Jassir Arafat in Kontakt zu treten, sagte er nach dem Händedruck auf dem Treffen in Washington zu ihm: „Wir, die wir gegen euch Palästinenser gekämpft haben, wir sagen euch heute mit lauter und klarer Stimme: genug des Blutes und der Tränen, genug!" 1994 erhielt Rabin, zusammen mit Schimon Peres und tatsächlich auch Jassir Arafat, den Friedensnobelpreis für seine Politik.

Dann aber passierte das Unfassbare: Nach der größten Friedenskundgebung, die Israel jemals erlebt hatte, als sich im November 1995 Zehntausende Israelis versammelt hatten, um ihren Willen auszudrücken, künftig mit den Palästinensern in Frieden zusammenzuleben, wurde Rabin von einem Attentäter ermordet, und zwar nicht von einem Araber, wie man immer befürchten musste, sondern von einem Juden. Dieser Attentäter zählte zu den extrem religiösen Kreisen, die es bis heute als Verrat empfinden, wenn Israel sich auf seine eigentlichen Grenzen zurückzöge – die erst Rabin erweitert hatte. Für sie wäre dies der erste Schritt zur Vernichtung des Landes.

Leider hat die spätere Entwicklung gezeigt, dass Jassir Arafat doch ein doppeltes Spiel spielte und seinem Volk keinen Frieden bescheren wollte. Obwohl im Jahr 2000 der israelische Ministerpräsident Ehud Barak in langen Gesprächen abermals unter der Leitung Bill Clintons den Palästinensern einen eigenen Staat auf dem Gebiet fast des gesamten Westjordanlandes versprach, und dazu die Hoheit über den arabischen Teil Jerusalems, sagte Jassir Arafat zu allem Nein. Es gibt weiterhin Terroranschläge, Kriegshandlungen, Tote, Verletzte. So ist es um die israelisch-palästinensische Versöhnung heute schlechter bestellt als zur Zeit der Ermordung Rabins. Dessen Leben aber wird immer als Zeichen für die Friedenssehnsucht der Menschen und insbesondere der Menschen des Staates Israel stehen.

Rechte muss man sich nehmen: Schirin Ebadi

Wie könnte ich diesem Mann an den Hals gehen und wie ruhig bleibt Schirin! Aber das ist ihre Art, das gehört zu ihrem Wesen, zu ihrem Erfolg: Sie hat keine Angst. Sie sagt selbst, wer im Iran für Menschenrechte kämpft, muss lernen, mit seiner Angst zu leben. Angst ist ein Zustand wie jeder andere auch, wie Hunger zum Beispiel. Er kommt und geht, sagt sie und sie hat gelernt, damit umzugehen. Schirin hat sich unter Kontrolle, das ist es. Sie lässt sich nicht gehen und beherrscht sich, und das ist vielleicht das Einzige, was gegen diese Leute hilft, diese Männer! Sie haben meine Eltern umgebracht und dafür werde ich sie nie in Ruhe lassen. Sie haben beide heimtückisch ermordet, auch meine Mutter, eine Frau. Und die Befehle kamen von oben.

Schirin hat als Anwältin diesen Fall übernommen und bearbeitet ihn mit mir, Schritt für Schritt. Wir kommen weiter, stoßen auf Spuren, Indizien, sehen die Verwick-

lungen, suchen Beweise. Sie führen durch einen Dschungel an Verschwörung. Doch auf dem Weg der Aufklärung dieses Falles sind all diese einzelnen Demütigungen, Benachteiligungen, Herabsetzungen, die Wut und Trauer in mir steigern. Schirin bleibt ruhig.
Wir wollen bestimmte Akten einsehen, die zum Tod meiner Eltern angelegt sind. Erst müssen wir uns bis zu diesem Mann durchfragen und werden von jedem, der uns weiterleitet, von oben bis unten gemustert, als wären wir selbst Verbrecher oder bestenfalls Subjekte, die sich erlauben wollen, etwas am heiligen System der Revolution auszusetzen. Als wir endlich bei dem entsprechenden Herrn vorsprechen dürfen, als wir unsere Kopftücher festziehen und uns verneigen, hört der uns nur kurz an und sagt: „Heute geht es nicht, kommen Sie morgen wieder!" Wie da mein Blut kocht! Als wüsste dieser Mensch nicht, dieser Mann, dass uns wegen dieser Antwort ein ganzer Tag verloren geht, der darin besteht, zu seiner Behörde zu fahren, zu warten und wieder zu warten und dann zurückfahren zu müssen. Wie gern würde ich den zurechtweisen, ihn bloßstellen, auf seine Pflichten verweisen, seinen Vorgesetzten zu sprechen verlangen, mit einer Beschwerde drohen – wenn wir nicht im Iran wären und froh sein müssten, überhaupt vorgelassen zu werden!
Und was macht Schirin? Sie fragt, wann wir am nächsten Tag kommen sollen, wann genau, zu welcher Uhr-

zeit, und nebenher erklärt sie ihm, welche Wege wir zurücklegen müssen, um bis zu seinem Büro zu gelangen – und dass es in diesem Fall nicht um einen Handtaschenraub geht, sondern um Mord. Tatsächlich bekommt sie eine einigermaßen genaue Antwort und wir dürfen uns trollen.

Bis zum nächsten Tag habe ich mich natürlich wieder beruhigt. Allein Schirins Anwesenheit beruhigt mich. Sie strahlt eine unglaubliche Sicherheit aus. Rechte werden einem nicht gegeben, sagt sie, Rechte muss man sich nehmen. Sie kennt die Gesetze, die Paragrafen, die Suren des Koran, die Scharia. Damit kann ihr keiner kommen. Sie verteidigt und klagt an, indem sie auf die Einhaltung der Gesetze pocht. Versucht das aber eine Frau, sind die Reaktionen oft diese Nadelstiche, die wirken wie Faustschläge. So geht es zumindest mir, die ich auch das andere Leben kenne, das in Deutschland, wo ich seit vielen Jahren lebe. Schirin spürt diese Schläge auch, aber sie kann einstecken, sie hat das trainiert.

Wieder stehen wir vor dem Büro dieses Mannes und vielleicht ist ja der Anlass für meine Aufregung nichtig. Aber es geht um die Art, die Art, wie man sich als Frau behandeln lassen muss! Wir werden tatsächlich zur vereinbarten Uhrzeit von diesem Beamten empfangen, nur sind seine ersten Worte diesmal, wir sollen die Schuhe ausziehen, wenn wir sein Büro betreten.

Da muss ich schon meinen Ärger herunterschlucken,

weil dieser Herr ja nicht bei sich zu Hause ist und weil sein Büro einen Steinfußboden ohne Teppich hat! Als hätte aber Schirin barfuß einen umso besseren Stand, ergreift sie mit einem kurzen, beruhigenden Blick auf mich das Wort. Doch mitten in Schirins Erklärungen unterbricht sie dieser dickbäuchige, glatzköpfige Kerl und sagt: „Ziehen Sie bitte das Kopftuch tiefer ins Gesicht!" Da atme ich hörbar durch und reiße mir fast das Kopftuch tiefer, obwohl ich gar nicht angesprochen bin. Schirin dagegen macht eigentlich nur eine symbolische Handbewegung, zupft ein bisschen an ihrem Kopftuch und fährt dann mit ihrer Erklärung fort, wobei ihre Stimme klar und stark und bestimmt klingt. Ich selbst bin aber so benebelt, dass ich kaum zuhören kann. Ich nehme nur wahr, wie dieser Mann am Ende tatsächlich in eine Schublade greift und dort einen Aktenordner herauszieht. Man könnte einen Termin vereinbaren, sagt er, an dem dann alle in die Unterlagen schauen könnten. Schirin versucht, ihn auf seine Aussage festzunageln. So kommen wir an diesem Tag einen Schritt weiter, einen weiteren, kleinen Schritt. Schirin glaubt daran, dass diese kleinen Schritte helfen werden. Ich will auch weiter daran glauben. Ich schulde es meinen Eltern. Sie kann etwas erreichen, in ihrer Art. Vielleicht kann ich davon nur lernen.

Der Islam schreibt den Männern unter anderem das gemeinsame Freitagsgebet vor.

Schirin Ebadi kam am 21. Juni 1947 in Hamadan zur Welt, einer uralten Stadt im Iran, wuchs jedoch in Teheran auf, der Hauptstadt des Landes. Sie wurde von ihren Eltern religiös und streng erzogen, genoss aber ihre Zuneigung. Wie es die Tradition ihrer Familie wollte, studierte auch sie Jura, und zwar sowohl im Iran als auch in Frankreich. Ebadi war außerordentlich erfolgreich. 1969 wurde sie die erste Richterin im Iran, 1975 sogar Präsidentin der iranischen Richtervereinigung.
1979 erfolgte dann ein Bruch in ihrer Karriere, ausgelöst durch eine politische Umwälzung: Nachdem mit Unterstützung des Westens Schah Resa Pahlewi jahrzehntelang jeden Widerstand im Land unterdrückt hatte, rebellierte schließlich das Volk. Doch bekam es dann keine demokratische Regierung, sondern eine streng religiöse Herrschaft unter dem Vorsitz von Ayatollah Khomeini, der dem Land eine ganz neue Diktatur auferlegte. Iran wurde zum „Gottesstaat". Die Menschen wurden auf die reli-

giösen Gesetze des Islam eingeschworen, was besonders zur Unterdrückung der Frauen führte. Auf der Grundlage des Korans machte man die Frauen zu Menschen zweiter Klasse, zu Rechtlosen, die sich dem Willen ihres Vaters oder Ehemanns bedingungslos unterzuordnen haben. Gegen diese Vorstellungen hatte der Schah Gesetze erlassen und auch die Trennung von Religion und Staat veranlasst – diese Reformen wurden nun rückgängig gemacht.

Obwohl Ebadi die Revolution sogar unterstützt hatte, wurde sie als Richterin entlassen, weil nach islamischem Recht eine Frau nicht über einen Mann urteilen darf. Sie arbeitete zunächst als Sekretärin in der Abteilung des Gerichts weiter, die sie vorher selbst geleitet hatte. Bald darauf ließ sie sich in den Ruhestand versetzen, um selbst eine Anwaltskanzlei zu eröffnen, was ihr aber erst 1993 erlaubt wurde. Seither setzt sie sich im Iran für Demokratie und Menschenrechte ein, die in dem religiös geführten Land massiv verletzt werden. So werden andere Religionen unterdrückt, Regierungsgegner angeklagt und auch gefoltert, Gerichtsverfahren manipuliert und immer wieder drakonische Strafen verhängt wie das Auspeitschen, Abhacken von Gliedern, Hängen oder sogar Steinigen, zum einen für schwere Verbrechen, aber auch zum Beispiel für „Gotteslästerung" oder Homosexualität.

Ebadi vertritt hauptsächlich diejenigen, die sich in diesem Land am schwersten Gehör verschaffen können: Frauen und Kinder. Besonders die Kinder, die Wehrlosesten, liegen ihr am Herzen. Sie hat eine „Gesellschaft zum Schutz der Rechte des Kindes"

Diese iranischen Mädchen sind gesetzlich gesehen schon im heiratsfähigen Alter.

gegründet, weil das Unrecht, das ihnen im Iran geschieht, zum Himmel schreit. So durften Mädchen noch vor einiger Zeit schon mit neun Jahren verheiratet werden, und zwar an erwachsene oder sogar schon richtig alte Männer. Inzwischen ist das Heiratsalter von Mädchen auf zwölf Jahre heraufgesetzt worden – ein kleiner Erfolg in Ebadis großem Kampf. Natürlich ist das immer noch schlimm genug und auch die Sitte bleibt bestehen, dass ein Vater seine Tochter schon bei der Geburt einem bestimmten Mann zur Heirat versprechen kann. Auch hat sich leider bis heute nichts an der Bestimmung geändert, dass auch minderjährige Mädchen wegen „unkeuschen Verhaltens" zum Tode verurteilt werden, nur seit einiger Zeit nicht mehr durch

Steinigung, sondern nur noch durch Erhängen. Trotzdem nimmt Ebadi ihren Glauben an eine bessere Zukunft aus der Überzeugung, dass der Islam an sich keine intolerante, aggressive Religion sei, die außerdem Frauen zu Menschen zweiter Klasse abstuft.

Im Jahr 2003 erhielt Ebadi überraschend den Friedensnobelpreis, was ihr große Aufmerksamkeit, aber auch einen gewissen Schutz einbrachte. Niemand würde es nun ohne Weiteres wagen, sie als politische Gegnerin zu „beseitigen", wie das schon mit so vielen Menschen im Iran geschehen ist.

Bis heute verteidigt Ebadi stets die Verfolgten und Bedrängten in ihrem Land, diejenigen, die der Staat als Kritiker auszuschalten versucht. Sie gibt dabei nicht nach und hat tatsächlich einige Fälle, auch Mordfälle, aufgeklärt, auch wenn die Täter meist ungeschoren davonkamen. Außerdem hat sie es immer wieder geschafft, die Rechte der Frauen im Land zu stärken, gegen ein System, das Frauen den Männern unterordnet. Das zeigt sich in vielerlei Hinsicht in der Rechtsprechung des Landes. So gibt es etwa die Bestimmung über „Blutgeld": Wenn ein Angehöriger eines Mordopfers darauf verzichtet, den Mörder wegen der Tat hinrichten zu lassen, kann er von diesem eine finanzielle Entschädigung verlangen. Sind aber Mann und Frau umgebracht worden, erhält der Angehörige für die Frau nur die Hälfte des Blutgeldes.

Angesichts solcher Verhältnisse ist es nicht verwunderlich, wie die Herrschenden im Iran auf die Nobelpreisverleihung an Ebadi reagierten. Während viele Menschen vor Glück in Tränen ausbrachen, brachten Rundfunk und Fernsehen des Staates die Meldung erst mit stundenlanger Verzögerung. Staatliche Zeitungen ignorierten die Meldung sogar und auch der damalige Staatspräsident Mohammed Chatami, den die moderne, westlich orientierte Jugend eigentlich verehrte, konnte sich erst nach langer Zeit zu einer Gratulation durchringen. In allen diesen Kreisen hieß es, Ebadi habe den Preis nur aus taktischen Gründen bekommen, um dem Iran und seiner religiösen Revolution zu schaden – woran ein Körnchen Wahrheit ist. Sicherlich wollte der Westen ein Zeichen dafür setzen, dass im Iran diejenigen unterstützt werden sollen, die die Menschenrechte verteidigen.

In jedem Fall verdient Schirin Ebadi alle Unterstützung. Es ist bewundernswert, welchen Kampf sie mit welchem Mut führt, wobei sie immer wieder betont, dass die Menschen im Iran ihre demokratischen Rechte allein erkämpfen müssten. Eine Einmischung von außen würde das Ringen um die Freiheit nur erschweren. Man kann ihr als dem optimistischen Menschen, der sie ist, nur weiter Glück wünschen, da ihr Land in Sachen Freiheit kaum einen Schritt voranzukommen scheint.

Impressum

In neuer Rechtschreibung

1. Auflage 2009
© Arena Verlag GmbH, Würzburg 2009
Alle Rechte vorbehalten
Covergestaltung und Innenillustration: Joachim Knappe
Fotos: akg-images, Berlin; S. 74, 100, 105, 108, 115, 117, 123, 125, 127, 131, 133 dpa Picture-Alliance GmbH
Satz: Claudia Böhme auf der Grundlage einer Gestaltung und Typografie von knaus. büro für konzeptionelle und visuelle identitäten, Würzburg
Gesamtherstellung: Westermann Druck Zwickau GmbH
ISBN 978-3-401-06394-2

www.arena-verlag.de